Alfred Opiolka

DER TOD IST GRÜN

Erlebnisse und Erfahrungen des Sargmalers vom Bodensee

INHALT

BLAUE BLUMEN

Es war ein normaler Wochentag. Ich arbeitete an einer Urne, als ein junger Mann mein Geschäft betrat. Er kam ohne viel Umschweife zur Sache und berichtete mir von seiner Partnerin, die vis-à-vis in der Klinik im Sterben lag. Sie beide wünschten sich für sie einen Schrein, den sie schon des Öfteren in meinem Schaufenster gesehen hatten: das Modell mit der Bergblumenwiese. Sie waren beide begeisterte Wanderer und Naturfreunde und hatten gemeinsam sehr viel Zeit in den Bergen verbracht, so erzählte er mir. Wir unterhielten uns eine Weile und ich erfuhr mehr Details über seine Freundin. Details, die für mich oft sehr wichtig sein können, damit ich den Schrein so persönlich wie möglich und zu einem Unikat gestalten kann.

Sobald der junge Mann sich verabschiedet hatte, um zurück ins Krankenhaus zu gehen, begann ich mit der Vorarbeit am Sarg. Kaum eine Stunde später rief er mich an und fragte, ob ich wohl ins Krankenhaus hinüberkommen könnte. Seine Freundin würde gerne den Künstler kennenlernen, der die Gestaltung ihres Schreins übernommen hatte. Kein einfacher Weg für mich, aber natürlich sagte ich zu. Ich beendete die Grundierung und begab mich gleich ins Hospital. Zu dieser Zeit hatte ich noch nicht viel Erfahrung mit sterbenden Menschen und so traf mich der Anblick dieser deutlich vom Tod gezeichneten jungen Frau doch sehr. Das Sprechen fiel ihr schon schwer und ihre Worte waren für mich kaum verständlich. Für ein längeres Gespräch hatte sie schon keine Kraft mehr, deshalb unterhielten wir uns unterstützt von ihrem Freund nur kurze Zeit. Ich versprach, ihre Wünsche so gut und so schnell wie möglich umzusetzen. »Na, die werden schauen, wenn ich mit solch einem Sarg daherkomme!«, flüsterte sie mit einem fast spitzbübischen Lächeln und meinte damit die Menschen in ihrem Heimatort, die sie zu Grabe tragen würden. Bei diesem Gespräch entstand die Idee, alle Schritte der Gestaltung mit meiner Kamera zu dokumentieren und ihr die Aufnahmen per E-Mail ans Sterbebett zu senden. Ihr Partner würde sie ihr auf seinem Laptop zeigen. So hätte sie die Möglichkeit, die Gestaltung ihres Schreins mitzuverfolgen. Dieser Gedanke brachte die junge Frau zum Lächeln.

Gesagt, getan. Umgehend machte ich mich an die Arbeit und malte bis tief in die Nacht. Am folgenden Tag sandte ich, wie abgesprochen, alle paar Stunden neue Aufnahmen vom Schrein ins Spital. Am späten Abend des zweiten Tages hatte ich meine Arbeit fast beendet und schickte ein Foto von der gewünschten Sommerbergblumenwiese an das junge Paar.

Diesmal dauerte es sehr lange, bis die Antwortmail eintraf. Ein kurzer Satz:

»Bitte noch mehr von den blauen Blumen!«

Später erfuhr ich dann, warum ich so lange auf die Antwort hatte warten müssen. Die Sterbende war kaum noch in der Lage gewesen, die Aufnahmen anzuschauen. Es strengte sie sehr an.

Aber als sie sie schließlich betrachtet hatte, besaß sie gerade noch die Kraft, den Wunsch nach mehr blauen Blumen zu äußern. Sie bekam natürlich mehr Glockenblumen, doch konnte sie diese im irdischen Leben nicht mehr auf dem Schrein anschauen. Sie starb, während ich die letzten Blüten malte.

LIEBE LESERIN, LIEBER LESER,

solche und ähnliche Geschichten und Erlebnisse werden Sie in diesem Buch finden. Ich habe die Begegnungen, die mich in den letzten achtzehn Jahren mit Menschen ganz verschiedener Altersstufen am stärksten beeindruckt haben, hier zusammengetragen.

Denn ich möchte Ihnen Möglichkeiten aufzeigen, die Verabschiedung eines geliebten Menschen ganz individuell zu gestalten. Selbstverständlich in dem gesetzlich vorgegebenen Rahmen, aber dieser Rahmen ist meiner Erfahrung nach relativ groß.

Ich möchte auch auf die Fragen eingehen, die mir seit Jahren von so vielen Menschen, die mich und meine bemalten Schreine zum ersten Mal sehen, immer und immer wieder gestellt werden:

»Wie kommen Sie denn auf diese Idee?«

»Darf man das?«

»Was sagt da der Pfarrer dazu?«

»Ist der Bestatter damit einverstanden?

Mein Name ist Alfred Opiolka. Ich bin nun seit 42 Jahren als freischaffender Künstler im Bereich Wand und Fassadenmalerei tätig, doch hat mich in all den Jahren noch kein Thema so sehr berührt und gefesselt wie die Arbeit mit Tod und Trauer.

Ich wünsche mir, dass ich diese Ergriffenheit Ihnen, meinen Leserinnen und Lesern, spürbar wiedergeben kann. Dieses Buch soll den Personen, die für das Thema zugänglich sind, eine Hilfe und Inspiration sein und ihnen Mut machen, neue Wege einzuschlagen.

Lindau, im August 2024

Ein Weg entsteht, wenn man ihn geht.
Konfuzius

WIE ES BEGANN

»Sargladen? Nein, das geht nicht! Damit erschrickst du die Menschen zu sehr!«

Es sollte ein gefälligerer Name sein. Vielleicht so etwas wie: »Luce – Abschied und Trauer« oder vielleicht »Kunst am Grab« oder auch »Heaven Art«.

Je mehr Freunde und auch unbeteiligte Menschen ich damals bat, mir doch bei der Namensfindung für mein neues Geschäft behilflich zu sein, desto schlimmer und verworrener wurde es. Keiner fand die passende Bezeichnung, aber fast alle meinten, dass SARGLADEN viel zu »platt« klänge. Zu eindeutig.

Da ich meine Särge als Schreine bezeichne, hätte mir auch »Schreinerei« gut gefallen. Waren es doch früher die Schreiner, die diese »Kisten« in allen Variationen anfertigten. In den Dörfern und Städten war der Schreiner derjenige, der Särge baute und gleichzeitig auch der Bestatter war. Aber unter »Schreinerei« würden die Menschen heute etwas anderes erwarten. Ganz sicher kein Geschäft, in dem es kunstvoll bemalte Särge zu kaufen gibt.

So entschied ich mich am Ende doch für meinen ursprünglichen, klaren und überaus deutlichen Favoriten: SARGLADEN. Ich finde ihn nach wie vor passend und selbsterklärend.

In einer Bäckerei gibt es Backwaren, in einer Fleischerei gibt es Fleisch, in einem Blumenladen gibt es Blumen und im Sargladen gibt es eben Särge. Wobei ich lieber das Wort Schreine verwende. Liest man im Duden nach, steht unter dem Wort »Schrein« als Erläuterung: »Ein Gefäß für einen wertvollen Inhalt«. Das ist doch einmal eine passende Formulierung!

Und so wurde im Sommer 2006 der wohl erste Sargladen Deutschlands eröffnet. Meine Vermieterin, eine großartige, weltoffene Frau, die bis dahin in diesen Räumlichkeiten ihre Apotheke betrieben hatte, war von meiner Idee sehr angetan.

Ich richtete ihn mit den ersten fünf bemalten Truhen, zwei oder drei Schmuckurnen und den dazu passenden Übergangskreuzen ein.

Hätte ich damals geahnt, was mich in den folgenden Jahren erwarten würde, bin ich mir heute nicht mehr sicher, ob ich die Idee und die Beschäftigung mit Tod und Trauer weiterverfolgt hätte.

Es fing damit an, dass der Eigentümer des Nachbarhauses, in dem sich auch eine Weinhandlung befand, meine Vermieterin ziemlich barsch anging, wie sie denn so etwas zulassen könnte, einen Sargladen neben seine Weinhandlung zu setzen! Er fürchtete, seine Mieter könnten ausziehen und die Kundschaft im Laden ausbleiben.

Nichts davon geschah, ganz im Gegenteil! Niemand zog aus und die Neugier der Menschen war so groß, dass sie scharenweise kamen, um die Schaufenster zu bestaunen.

Jetzt war ich stolzer Eigentümer eines schönen Sargladens!

Der Grund dafür, dass ich mich als Künstler so intensiv mit dem Tod und der Verabschiedung von Verstorbenen auseinandersetzte und einen Sargladen eröffnete, lag etwa fünf Jahre zurück.

Im Sommer 2001 erhielt ich eine Anfrage, in einem Bestattungsunternehmen in Wiesbaden eine Wandmalerei anzufertigen. Zu dieser Zeit verdiente ich mein Geld mit Werbegrafik und in meinem ursprünglichen Beruf, der Wand- und Fassadenmalerei. Ich bin ein Künstler, der fein und filigran und mit hellen, leuchtenden und freundlichen Farben arbeitet, umso mehr erstaunte mich damals die Anfrage des Bestatters. Er sagte, er hätte meine Arbeiten gesehen und könnte sich sehr gut vorstellen, einen von ihm geplanten Verabschiedungsraum von mir, voller Respekt für seinen Verwendungszweck, gestalten zu lassen. Wir vereinbarten einen Termin und trafen uns in Wiesbaden zum Gespräch. Mein erster Eindruck von dem Unternehmen war sehr positiv. In gepflegten, modernen, hellen Räumlichkeiten arbeitete sympathisches, freundliches Personal und es wurde ungezwungen gesprochen und auch viel gelacht.

Bis dahin hatte ich noch kaum Erfahrung mit Bestattern gemacht, aber das Wenige, das ich bisher erlebt habe, war definitiv ganz anders als bei diesem Institut in der hessischen Landeshauptstadt.

Doch immer noch war ich mir nicht sicher, ob ich für diese Aufgabe, die an mich herangetragen wurde, der richtige Mann war. Malte ich doch in einer Art, die mit Tod und Sterben sehr wenig zu tun hatte. Ganz im Gegenteil. Meine Bilder leuchteten meist in sehr lebendigen Farben und meine Motive waren ausnahmslos dem Leben und der Freude gewidmet! Doch da meine Auftraggeber meine Bedenken in den Wind schlugen und an ihrer Vision festhielten, begann ich, mich in dieses Thema einzuarbeiten. Ich besorgte mir Literatur über die verschiedenen Religionen, über Nahtoderfahrungen und die Erkenntnisse der Sterbeforscherin

Elisabeth Kübler-Ross, die mich mit ihrer Art zu schreiben und ihren Forschungsergebnissen absolut fesselte.

Und zunehmend spürte ich die in meinem Inneren schnell wachsende Faszination und die Neugier auf das Thema Tod.

Ein paar Wochen später waren die Entwürfe für den Verabschiedungsraum des Bestattungsunternehmens gezeichnet. Es sollte einer meiner allerschönsten Aufträge werden! Erst beim Malen wurde mir so richtig bewusst, welche Verantwortung ich als Künstler übernommen hatte, einen solchen sakralen Raum zu gestalten. Einen Raum, der auf die Menschen der verschiedenen Konfessionen gleichermaßen würdevoll wirken sollte; einen Raum, in dem die tiefsten Emotionen zutage treten konnten; einen Raum, der nicht vom Eigentlichen ablenken durfte und doch durch seine Farben und die gewählten Motive ein klein wenig Trost, Geborgenheit und Zuversicht schenken sollte.

Durch diesen Auftrag habe ich erkannt, dass meine Art zu malen sehr wohl auch zu Tod und Sterben und somit in ein Bestattungsunternehmen passt. Gibt es doch nicht auf der einen Seite das Leben und auf der anderen Seite den Tod. Es ist vielmehr ein Kreislauf, ähnlich der liegenden Acht, dem Zeichen der Unendlichkeit, der immerwährenden Bewegung, der Weiterentwicklung und des Ausgleichs. Da, wo der Tod aufhört, wartet das Leben, und da wo das Leben endet, beginnt der Tod.

Meine Auftraggeber hatten damals eine Vision und den Mut, an althergebrachten, seit Generationen bestehenden Traditionen zu rütteln, diese infrage zu stellen und ganz neue Wege zu gehen. Ihre Kundschaft nahm dieses Angebot dankbar an. Heute gibt es viele Bestatter, die ebenfalls umdenken und sich nach den Bedürfnissen einer neuen, bewusster denkenden Kundschaft richten.

Meiner Erfahrung nach sind die Menschen sensibler geworden, feinfühliger.

Vielleicht werden Sie, liebe Leserin, lieber Leser, mir an dieser Stelle widersprechen und versuchen, mir das Gegenteil zu beweisen. Ich höre oft Aussagen wie: »Jeder schaut doch nur noch nach dem Preis.« Oder: »Die Leute sind nur auf ihren eigenen Vorteil bedacht.« Wenn ich meine Schreine Bestattern vorstelle, kommt ganz häufig auch diese Reaktion: »Solche Kunden haben wir nicht!« Sehr viele Bestatter, mit denen ich ins Gespräch komme, meinen, dass es immer nur billig und schnell gehen muss.

Wie erklärt es sich dann aber, dass es bundesweit immer mehr Institute gibt, die neue Wege gehen und ganz bewusst noch Ungewohntes anbieten? Dass es mehr und mehr Menschen gibt, für die die Kosten zweitrangig sind, weil sie eine Verabschiedung zu einem Fest machen wollen? Oft wären die Kosten gar nicht so ausschlaggebend, würde man dem Kunden eine Alternative anbieten, etwas Besonderes.

Warum sollen die Hinterbliebenen denn auch mehr zahlen, wenn sie letztendlich doch nur die Auswahl zwischen Eiche hell, Eiche mittel und Eiche dunkel und das Gleiche in der Variation Fichte angeboten bekommen?

Es liegt mir fern, alle Bestatter und Bestatterinnen über einen Kamm zu scheren. Ich habe gerade in den letzten zwei bis drei Jahren junge Unternehmer mit frischen Gedanken und viel Herz kennenlernen dürfen.

Und diese Wegbereiter haben es sicherlich auch nicht ganz einfach auf dem Markt, werden sie doch oft von den eigenen, unbeweglicheren Kollegen angegangen.

Aber es gibt sie, und nicht nur in Großstädten, die »frischen« Bestatter, und ihre Anzahl steigt stetig.

Und das bedeutet, dass es auch die Kunden geben muss, die bereit sind, höhere Kosten zu akzeptieren, wenn die Bestattung individuell durchgeführt wird. Menschen, denen bewusst ist, dass eine Beerdigung mehr bedeutet, als einen nicht mehr funktionierenden Körper zu beseitigen.

Der Auftrag in Wiesbaden war für mich selbst auch ein großes Geschenk, hatte ich doch die Möglichkeit, mich mit der Endlichkeit im Allgemeinen und speziell mit meiner eigenen Vergänglichkeit auseinanderzusetzen. Jedoch mit dem großen Vorteil, mich – noch nicht – durch den Verlust eines geliebten Menschen persönlich betroffen fühlen zu müssen.

Wie erwähnt, machte ich mich im Vorfeld über die Literatur mit dem Tod »bekannt«. Dadurch wurde mir nach geraumer Zeit deutlich, warum meine Auftraggeber mich gewählt hatten, um ihre Räumlichkeiten zu gestalten.

Gerade weil ich farbenfroh, lebendig und fröhlich mit vielen Blumen und »Freudlingen« male, fühlte sich der Bestatter, der mich beauftragte, angesprochen. Für mich sind Schmetterlinge Freudlinge. Ich nenne diese sphärischen Wesen so, weil *Schmetter* für mich zu hart und aggressiv klingt.

Die Antwort auf meine anfängliche Frage, wie denn meine Kunst in eine Leichenhalle passen könnte, fand ich in einem der Bücher von Elisabeth Kübler-Ross.

In einem sehr bewegenden Abschnitt beschrieb sie Wandzeichnungen in einem KZ, die von Kindern gemalt wurden, bevor sie starben. Und unverhältnismäßig oft fanden sich neben Schnecken vor allem Schmetterlinge an den Wänden.

Von da an sah ich in meinen Freudlingen nicht nur das Zeichen für den Sommer, für Freude und Unbeschwertheit, sondern auch das Symbol für Metamorphose und Wiedergeburt, also für Leben und Tod, für das Kommen und Gehen, für den Kreislauf des Lebens. Und so entstand eine recht lebendige, freundlich anmutende Ausgestaltung des Verabschiedungsraumes, in dem bis heute Abschied gefeiert wird. Die Wirkung meiner Malerei wurde später noch von meiner Kundin, der Bestatterin, durch passende Musik, hochwertige ätherische Düfte und brennende Kerzen unterstützt. Und ganz entscheidend und wichtig: Die Trauernden hatten so viel Zeit, wie sie wünschten oder benötigten, um sich von der verstorbenen Person gebührend zu verabschieden. Ein absolut einmaliges und einzigartiges Konzept zur damaligen Zeit. Diese meine Kunden waren wirklich Vorreiter im Hinblick auf einen Wandel in der Bestattungskultur.

Nach dem Auftrag in Wiesbaden vergingen noch ein paar Jahre, bis ich meinen ersten Schrein bemalte. Doch ich war für dieses Thema durch das, was ich erfahren durfte, sensibilisiert worden. Auch kamen immer mehr Todesfälle in der eigenen Familie vor. So starben mein Vater und ein Jahr später die Mutter meiner beiden Kinder. Zu dieser Zeit rumorte zwar schon etwas in mir, wenn es um Beerdigungen ging, aber ich wusste nicht genau, was es war. Was mich störte, war noch nicht richtig greifbar, noch nicht reif.

Und dann passierte etwas Entscheidendes. Ich kann mich noch sehr gut an die Emotion, an den Ärger erinnern, der damals in mir hochkam.

DER PUTZEIMER

Ein kleines Dorf im Allgäu. Wir waren zur Beerdigung einer jungen Frau aus unserem Freundeskreis geladen. Viele Menschen standen in einer Reihe auf dem Friedhof vor der Kapelle, in welcher die Verstorbene aufgebahrt war. Jeder der Anwesenden hatte die Möglichkeit, kurz vor den geschlossenen Sarg zu treten, um sich zu verabschieden. Es war ein kleiner Raum von vielleicht zwanzig Quadratmetern, weiß getüncht, schmucklos. Ein großes, dunkles Kreuz hing an der Stirnwand und davor stand der einfache, helle Fichtensarg, geschmückt mit Blumen auf einem metallenen, fahrbaren Katafalk. Im Raum roch es muffig und schwer. Es war kühl und düster.

Das Gestänge des Katafalks, auf dem der Sarg ruhte, war etwa bis zur Hälfte mit einem schweren, samtigen, mit silbernen Stickereien verzierten Stoff verkleidet. Es war dunkelgrün angestrichen und deutlich sichtbar an mehreren Stellen verrostet. Links und rechts vom Sarg standen zwei ums Überleben ringende, immergrüne Stauden. Zwei oder drei große, weiße Kerze brannten auf beiden Seiten vor diesen armseligen Büschen.

Und in dieser muffigen Gruft sollten sich die Kinder, die Familie, die Freunde und die Nachbarn verabschieden? Dieses Bild sollten die meisten der Geladenen als letzte Erinnerung an einen geschätzten und geliebten Menschen mitnehmen?! Die Erinnerung an ein verrostetes Fahrgestell und an den muffigen Geruch einer lieblos gestalteten Kapelle!

Aber es kam noch schlimmer! Als meine Frau und ich an der Reihe waren und unsere mitgebrachten Blumen neben den Sarg legten, uns dann mit einer Verbeugung verabschiedeten und wieder hinaustreten wollten, fiel mein Blick auf die Wand links neben der Eingangstür.

An dieser Wand standen doch tatsächlich ein mit Schmutzwasser gefüllter, rechteckiger Putzeimer und daneben der noch feuchte Wischmopp!

Das sind Momente, die sich so sehr in mein Gedächtnis »eintätowiert« haben wie kaum etwas anderes. Heute kann ich mich an andere Details dieser Beerdigung fast nicht mehr erinnern, aber das Bild mit dem Putzeimer, das ist verankert!

ES GEHT AUCH ANDERS

Dass ich so sensibel bei der gerade beschriebenen Beisetzung reagiert habe, liegt wohl vor allem an der Tatsache, dass ich kurz zuvor in Wiesbaden erleben durfte, wie viel würdevoller eine Beerdigung sein kann, weil es Bestatter gibt, die einen Abschied mit großem Feingefühl und mit Rücksicht auf die Verstorbenen und die Hinterbliebenen gestalten.

Wer immer nur das macht,
was er schon immer gemacht hat,
bekommt auch das,
was er schon immer bekommen hat.

Albert Einstein

Wer war denn überhaupt verantwortlich für solch eine gravierende Unachtsamkeit, wie gerade geschildert? War es der Gemeindeangestellte, der den Auftrag erhielt, die Kapelle zu wischen? Oder war es der Bestatter, der den Zustand der Kapelle im Vorfeld nicht kontrolliert hatte?

Oder waren es die Auftraggeber, die Hinterbliebenen des Verstorbenen, weil sie alles in andere Hände legten im Vertrauen darauf: »Das wird schon richtig gemacht werden«?

Bei der Planung eines Firmenjubiläums oder einer Hochzeit würden die meisten nicht so vertrauensvoll alles Wesentliche anderen überlassen. Da wird doch sehr viel Zeit und Geld investiert, um einen reibungslosen und angemessenen Ablauf zu garantieren.

Wenn eine Beisetzung nicht so verläuft, wie erwartet, empört man sich eine Zeitlang, klagt vielleicht noch über die hohen Kosten und ... geht bei der nächsten Bestattung mit den gleichen Erwartungen zum gleichen Bestatter und »bestellt« die gleiche Beerdigung.

Die man dann auch meist bekommt – inklusive Putzeimer.

Diesen Weg gehen Familien oft schon seit Generationen, ohne dass etwas hinterfragt wird. »Das macht man bei uns halt so. Das ist bei uns so Tradition«, heißt es dann, oder: »Nein, so einen Hokuspokus macht man bei uns nicht, es ist ja nur eine Beerdigung.«

Eine Beerdigung verbinden viele mit anscheinend unverrückbaren Traditionen, mit seit Langem vorgegebenen Handlungen und Abläufen, und in den Köpfen scheinen viele, nur sehr schwer austauschbare Bilder festzustecken. Es ist ein langwieriges und oft auch gefährliches Unterfangen, an diesen seit Generationen »bewährten« Überlieferungen zu rütteln und zu kratzen. Da bekommt man schnell den Stempel »Gotteslästerer« aufgedrückt oder den des Provokateurs. Es liegt wohl in der Natur des Menschen, Neuem gegenüber erst einmal skeptisch zu sein, bedeutet es doch, Altes, Vertrautes loszulassen, es herzugeben. Wenn im Alltag etwas auch nicht zufriedenstellend ist, so hat man sich doch zumindest daran gewöhnt. Und lieber akzeptiert man etwas Bekanntes, das man zwar nicht will, als etwas Neues, von dem man nicht weiß, ob man es wollen könnte.

So ist es beispielsweise wissenschaftlich nachgewiesen, dass Menschen sich oft mit Schmerzen oder belastenden Situationen arrangieren, nur um nicht die gewohnte Lebensweise oder Anschauung verändern zu müssen.

Ich möchte hier nicht den Eindruck erwecken, dass ich der Meinung bin, bei Beisetzungen liefe immer alles falsch und pietätlos ab. Nein, so ist es natürlich nicht!

> *Ich weiß nicht, ob es besser wird, wenn es anders wird, aber ich weiß, dass es anders werden muss, damit es besser werden kann.*
>
> Georg Christoph Lichtenberg

Ich möchte aber Dinge weitergeben, die ich erlebt habe, und die mich besonders bewegt haben. Ich möchte darauf aufmerksam machen, darauf hinweisen, dass nicht alles so sein muss, wie es immer schon gehandhabt wurde, und dass es sich lohnt, manches zu hinterfragen.

Geht es doch bei der Verabschiedung eines nahestehenden Menschen um etwas Einmaliges, das wertvoll genug ist, so bewusst und schön zelebriert zu werden wie nur irgend möglich.

Ich möchte mit Freude darauf hinweisen, wie viel sich bereits in den letzten Jahren, seit ich begann, Schreine zu bemalen, zum Positiven gewandelt hat. Und auch darauf, dass sehr viele Menschen aus unterschiedlichen Berufssparten ihre Arbeit und ihre Talente einbringen, um dem Thema Tod, Abschied und Trauer wieder einen angemessenen Platz in unserer Gesellschaft einzuräumen.

Es mag sein, dass es in den Augen von Dunkelgrau-Denkenden nicht viele sind, die neue Wege bereiten, aber es sind schon sehr viel mehr als noch vor ein paar Jahren. Da war ein Trauerredner anstelle eines Priesters am Grab kaum vorstellbar – heute ist dies ganz normal.

Noch vor einigen Jahren war es fast schon Sünde, in unserem katholischen Bayern eingeäschert, kremiert zu werden. Und heute? Heute ist die Kremierung in vielen Teilen unseres Landes fast häufiger als die traditionelle Erdbestattung.

Es ist noch gar nicht lange her, da war es absolut unmöglich, die Asche eines Verstorbenen mit nach Hause zu nehmen. Mittlerweile gibt es diese Möglichkeiten, auch wenn noch nicht überall offen darüber gesprochen wird, weil immer mehr mündige und couragierte Bürger sich gegen diese meines Erachtens unsinnige Gesetzgebung auflehnen. Warum bleibt es nicht den Hinterbliebenen überlassen, ob sie die Asche bei sich behalten oder sie dorthin bringen und ausstreuen wollen, wo es sich der Verstorbene vielleicht gewünscht hat? In Bremen zum Beispiel ist das Verstreuen unter bestimmten Bedingungen auf privaten bzw. extra dafür vorgesehenen Flächen möglich. Auch Berlin, Brandenburg, Mecklenburg-Vorpommern, Nordrhein-Westfalen und Thüringen ermöglichen diese Art der Bestattung inzwischen.

Mir berichtete ein Kunde, dass er selber die Urne mit der Asche seines Vaters vom Friedhof weg »gestohlen« habe. Damals, vor etwa acht Jahren, konnte er es nicht durchsetzen, die Urne ausgehändigt zu bekommen. So ging er mit frischen Blumen und einem Spaten zum Grab, in welchem zwei Tage zuvor die Urne beigesetzt worden war. Es hatte den Anschein, als würde er das Grab neu bepflanzen und herrichten. Derweil schaufelte er die frisch beigesetzte Urne aus und »schmuggelte« sie vom Friedhof.

So etwas darf doch nicht sein!

Nein, ich meine nicht das Ausgraben! Sondern, dass man Menschen durch Gesetze dazu nötigt, solch einen Weg zu gehen! Da werden Menschen zu einer Straftat verleitet. Das geht doch nicht!

Bis vor Kurzem musste man, wollte man die Asche des Verstorbenen bei sich behalten, den Leichnam zur Einäscherung nach Holland oder in die Schweiz transportieren. In diesen Ländern, wie auch in Frankreich, ist es üblich, die Urnenkapsel mit der Asche der Familie zu übergeben. Aber es ist nicht erlaubt, diese dann nach Deutschland einzuführen. Also schmuggelten die Angehörigen die für sie so wichtigen sterblichen Überreste in Plastiktüten oder in Schuhkartons über die Grenze. Man handelte gegen das Gesetz, wenn man dem Wunsch seines Herzens folgte.

Für viele Hinterbliebene wäre es ein sehr wichtiger und heilsamer Schritt zur Bewältigung der eigenen Trauer, wenn sie die Urnen mit der Asche ihrer Verstorbenen bei sich, in ihrer Nähe, aufbewahren und hüten könnten.

KUNSTAUSSTELLUNG

»Kunst am Bach« ist eine periodisch wiederkehrende Veranstaltung in einer Gemeinde in der Nähe von Kempten (Allgäu). Viele einheimische Künstler stellen in einem attraktiv gestalteten Rahmen ihre Arbeiten aus und bieten vielerlei interessante Kunstwerke an.

Ich hatte schon mehrmals an diesem Event teilgenommen und die Besucher kannten mich und meine Arbeiten. Doch im Sommer 2005 hatte ich etwas Neues vor. Meine ersten bemalten Särge waren fertig und es war an der Zeit, sie der Öffentlichkeit zu präsentieren. Ich ahnte schon, dass es vielleicht etwas problematisch werden könnte, bei einer Kunstausstellung mit Särgen zu erscheinen. Also betitelte ich im Programmheft, in dem sich jeder mitwirkende Künstler mit seinen ausgestellten Werken vorstellte, meine Arbeiten mit »Bemalte Objekte«.

Im Vorfeld wählte ich für meine Schreine einen wunderschönen, etwas abseits gelegenen Platz auf einer Waldlichtung. Die Ausstellung begann in der Ortsmitte. Ein etwa drei Kilometer langer Rundweg führte die Besucher von dort am Dorfbach entlang bis zu meinem Standort, der auf dem Weg, den die Gäste der Ausstellung gingen, vom Dorf am weitesten entfernt war.

Was an diesem Tage geschah, war unbeschreiblich. Schon beim Aufstellen der Schreine sah ich die Fragezeichen in den Gesichtern der Mitaussteller. Da fielen Sätze wie:

»Makaber!« – »Ja, spinnt der?!« – »Das ist ja pietätlos!« und dergleichen.

Es waren aber auch Menschen da, die einfach nur schauten, nicht fähig waren zu sprechen. Andere ließen ihren Gefühlen freien Lauf. Sie waren so berührt, dass die Tränen flossen.

In keiner der vielen darauffolgenden Ausstellungen habe ich solch extreme Gegensätze und emotionale Reaktionen erlebt wie bei dieser ersten öffentlichen Präsentation. Da gab es eine kleine Gruppe Jugendlicher, die damals so aggressiv und fast handgreiflich wurde, dass ich nur dank der Hilfe meines Bruders einer Schlägerei entging. Und da waren auch zwei Frauen, eine Mutter und ihre etwa achtzehnjährige Tochter, die so begeistert von meinen Schreinen waren, dass sie am nächsten Tage mit ihrer Mutter/Oma wiederkamen, um der betagten Dame die Särge zu zeigen.

Mit meiner Ausstellung habe ich die Menschen ohne Vorwarnung an einem wunden Punkt getroffen, die Schläger genauso wie die beiden Frauen.

Ich sehe meine Aufgabe als Künstler darin, etwas Schönes und Berührendes zu schaffen –, und die Menschen auch ein wenig zu provozieren, um sie dahin zu bringen, über ihr Sein nachzudenken und neue Wege zu entdecken. Auch in unserer Bestattungskultur.

Die Begeisterung der Dichter und Künstler sind von jeher der Welt ein großer Anstoß und Gegenstand des Streites gewesen.

Wilhelm Heinrich Wackenroder

Sehr interessant fand ich, dass die gesamte lokale Presse – alle ihre Vertreter waren an meinem Stand – ausführlich über die Veranstaltung berichtete, jedoch das am meisten diskutierte Thema an diesem Wochenende, meine Särge, mit keiner Silbe erwähnte.

Das Eisen war ihnen zu heiß, sie wussten damit nicht umzugehen.

Für sehr viele Menschen bin ich mit meinen Arbeiten immer wieder Anstoß zum Nachdenken und zu der Überlegung, was passieren soll, wenn ein Todesfall oder etwaige Pflegebedürftigkeit durch Krankheit oder Unfall eintreten würde.

Für mich zeigt sich darin die Verantwortung der Familie und den Angehörigen gegenüber, genau zu definieren, was und wie in solch einem Fall gehandelt und entschieden werden soll. Testament oder Verfügung können eine große Hilfe für die unter Schock stehenden Hinterbliebenen sein, und sie können im Vorfeld Ärger und Streitigkeiten verringern oder vermeiden helfen.

Ich hatte ein Gespräch mit einem jungen Mann, etwa dreißig Jahre alt, der plante, ein Haus zu bauen. Ein sehr wichtiger Punkt bei diesem Projekt schien für ihn die Barrierefreiheit zu sein. Das Haus sollte im Alter oder im Krankheitsfall »behindertengerecht« bewohnbar sein. Da wird ganz selbstverständlich in der Planung schon berücksichtigt, dass man einmal alt, gebrechlich oder körperlich nicht mehr belastbar sein würde oder gar im Rollstuhl sitzen könnte. Alles das sind Dinge, die *vielleicht* einmal eintreffen. Angesprochen auf das *Eine,* das sicher eintreten wird, den Tod, wich der junge Mann aber zurück. Er äußerte: »Darüber mache ich mir Gedanken, wenn es einmal so weit ist. Noch habe ich Zeit.«

Es stimmt sicherlich, dass junge Menschen Ziele vor Augen haben, die mit dem Leben zu tun haben, mit Entfaltung, mit Aufbau. Das Alter, in dem man beginnt, sich Gedanken über seine eigene Endlichkeit zu machen, kommt erst etwa ab der Lebensmitte, sagt man.

Aber ist da nicht ein Widerspruch zu erkennen?

Warum lässt der junge Mann bei der behindertengerechten Planung seines Hauses den Gedanken an Krankheit und Alter zu, den an den Tod aber nicht?

Die meisten von uns haben ja auch eine *Lebensversicherung* abgeschlossen – eine Bezeichnung, über die es sich lohnt nachzudenken. Man lässt sich für den Fall des Todes versichern, unabhängig vom Alter des Versicherten, und nennt dies Lebensversicherung. In diesem Falle scheint es ganz normal zu sein, über sein Ableben nachzudenken, da gehört es dazu ...

DIE PRÄSENZ VON SEELEN

Zu Beginn meiner Tätigkeit als Sargmaler hatte ich oft mit Widrigkeiten, Beleidigungen und Anfeindungen wegen meiner »Kisten« zu kämpfen. Doch gab und gibt mir das Positive an meiner Arbeit, geben mir die Menschen, für die ich male, so viel Kraft und Freude, dass ich aus vollem Herzen sagen kann: »Es ist gut so, wie es ist.«

Die Menschen, die ich oft in extremen Situationen kennenlernen durfte, und die daraus entstandenen Verbindungen und Erfahrungen waren und sind sehr wertvoll für mich. So erfuhr ich immer wieder von Begebenheiten und Erlebnissen, die Personen mit Verstorbenen und deren Seelen hatten. Und je mehr ich meine Sinne dafür schärfte, desto häufiger erfuhr ich davon.

So trat auch die Erinnerung an eine eigene Erfahrung im Alter von etwa zweiundzwanzig Jahren wieder in mein Bewusstsein. Damals hatte ich noch keine Ahnung von Spiritualität oder gar vom einem »Leben danach«.

Ich war gerade von einem längeren Aufenthalt in Australien zurückgekommen. Während ich in »Down Under« reiste, war meine Großmutter verstorben und ich hatte mich nicht von ihr verabschieden können.

Etwa ein Jahr nach ihrem Tod, ich lebte zu dieser Zeit wieder im Allgäu, fuhr ich an einem Sommernachmittag, vom Einkaufen kommend, mit dem Auto in Richtung Kempten. Ich hatte schon eine ganze Weile das seltsame Gefühl, als ob da hinten auf dem Rücksitz jemand säße. Die meisten von uns kennen sicherlich das Empfinden, von irgendwoher beobachtet zu werden. Man sieht zwar nichts, aber die Nackenhaare sträuben sich und man weiß oder ahnt, dass sich etwas oder jemand Unsichtbares in der unmittelbaren Nähe aufhält.

Je näher ich meinem Zuhause kam, desto stärker und bedrückender wurde das Gefühl. Es war mir sehr unangenehm und ich hatte auch Angst. Gott sei Dank war es heller Tag, nachts wäre es weitaus schlimmer gewesen.

Zu Hause angekommen, stieg ich so schnell wie möglich aus dem Fahrzeug, aber nicht, ohne nochmals kurz auf den Rücksitz zu schauen. Da war nichts und doch durchlief mich ein Schauer. Die Autotüren abgesperrt und dann schleunigst Richtung Haus, in die gemütliche kleine Wohnung, in der ich mit einer Freundin lebte!

Beim Kreuzen der Straße fühlte ich deutlich etwas ganz nah an und über mir, das mich erneut schaudern ließ. Mein Entsetzen steigerte sich noch bis zu dem Moment, als ich die Haustüre öffnete. Bis dahin war die unsichtbare Präsenz stark und gewaltig und deutlich spürbar, fast schon, als ob mich jemand körperlich angehen, anschreien und schütteln würde.

Und plötzlich, als ich in den Hausgang eintrat, fiel alles von mir ab und ich erkannte und wusste mit einem Mal, dass es meine verstorbene Großmutter gewesen sein musste. Ich wusste es einfach!

Aber trotzdem war ich total verstört und hatte Angst.

Ich bin sicher, meine Oma wollte Kontakt zu mir aufnehmen, wollte mir vielleicht etwas Wichtiges mitteilen, doch ich war damals nicht bereit dafür. Ich habe danach nie wieder Kontakt zu ihr gehabt. Heute, mit dem Wissen von drei weiteren Jahrzehnten, würde ich solch eine Situation wahrscheinlich besser nutzen können.

Ich habe jahrelang mit niemandem über diesen Vorfall gesprochen, war ich doch selbst meiner Wahrnehmung nicht sicher. Erst viele Jahre später traf ich Menschen, die vergleichbare Erlebnisse schilderten, und las Bücher, in denen darüber berichtet wurde. Und nun, seitdem ich durch meine Arbeit an den Schreinen auf Menschen treffe, die Ähnliches erlebt haben, sind solche Gespräche schon fast zur Normalität geworden. Sehr viele dieser Menschen haben auch solche Situationen erlebt und sich nicht getraut, mit anderen darüber zu sprechen, so wie ich damals. Und wenn ich heute beginne, über diese Ereignisse zu reden, wagen es sehr viele meiner Zuhörerinnen und Zuhörer, vielleicht zum ersten Mal, von ihren eigenen Erfahrungen zu berichten:

»Ja genau, Herr Opiolka, wissen Sie, bei mir war das ganz ähnlich ...«

MEIN VATER

Im Jahre 2003 beschloss ich, in meine Geburtsstadt Zabrze in Polen zu reisen, weil ich das Bedürfnis verspürte, ein paar offene Fragen mit meinem sieben Jahre zuvor verstorbenen Vater zu klären.

Ein immer wiederkehrender Grund für Auseinandersetzungen zwischen uns beiden war das Unverständnis meines Vaters gegenüber meiner Tätigkeit als Künstler. Bis zu seinem Lebensende war es für ihn nicht nachvollziehbar, dass ein gesunder, großer Mann nicht etwas »Richtiges« arbeitet. Ein Mann, der nur Blumen und Schmetterlinge malt, Kinderbücher illustriert und lustige Figuren entwirft und nicht »richtig arbeitet«, könne doch keine Familie ernähren, war seine Meinung.

Dies führte immer wieder zum Streit.

Er fragte mich oft in seinem schlesischen Dialekt: »Junge, hast du noch Geld? Wer bezahlt dich denn für so etwas? Mama, mach mal dem Jungen eine Suppe, der muss doch Hunger haben!«

Ja, ich hatte Hunger! Hunger nach Anerkennung meiner Arbeit, von der ich immerhin seit der Beendigung meiner Ausbildung bei einem bekannten Kemptener Kunstmaler leben konnte!

1996 ist mein Vater dann verstorben. Ich hatte lange Zeit das Gefühl in mir, dass noch etwas zwischen uns stand, noch etwas zu klären war.

Deshalb reiste ich im Herbst 2003 also nach Polen, nicht wissend, was ich von diesem Besuch erwarten konnte. Ich wusste nur, dass ich dorthin musste, alleine. Ich hatte Zabrze, meine Geburtsstadt, seit unserer Ausreise im Jahre 1969 zweimal besucht, beide Male mit der Familie. Es waren schöne, lustige Ausflüge, mit vielen Besuchen bei der Verwandtschaft, mit gutem Essen und Trinken und fröhlichem Erzählen.

Dieser Besuch würde ganz anders sein, das spürte ich.

Ich erreichte Zabrze an einem Novemberabend und wollte erst einmal irgendwo ein Hotel zum Übernachten finden. Da sah ich zu meiner Rechten eine hell erleuchtete Kirche. Und – es war »unsere« Kirche.

Ich hatte wirklich keine Ahnung, wie ich dort hingefunden hatte, bei Nacht und damals noch ohne Navigationsgerät. Aber ich befand mich augenscheinlich in »unserer« Straße, Ulica wolnosci, der »Straße der Freiheit«, in der wir vor vielen Jahren gelebt hatten. Hinter der Kirche stand wie eh und je das Haus, in dem wir früher wohnten.

Eigentlich wäre ein Zimmer zum Übernachten jetzt erst einmal wichtig gewesen, aber das Licht in der Kirche zog mich magisch an.

»Nur mal kurz reinschauen«, dachte ich, »solange im Inneren noch Lichter brennen.«

Ich fand einen freien Parkplatz, stieg aus dem Auto und betrat die Kirche. Im Innern befanden sich viele Menschen, gerade begann die Abendmesse.

»Die haben auf mich gewartet!«, ging es mir durch den Kopf. Ich setzte mich links vom Mittelgang in die letzte Bank. Der Anblick, der sich mir bot, war sehr beeindruckend. Der bekannte Altar mit dem goldenen Mosaik, die bekannten Farben und dazu die polnischen Lieder. Ich tauchte in eine andere Zeit, in meine Kindheit ein. Ich versuchte, die Worte der Lieder zu verstehen, versuchte, zaghaft mitzusingen oder zumindest mitzusummen. Das alles war sehr ergreifend, sehr berührend und erfüllte mich mit einer Woge aus Freude und Wehmut zugleich. Ich musste tief durchatmen, um mich zu beruhigen.

So saß ich eine ganze Weile in Gedanken und Gefühlen versunken. Ich hörte wohl die gesprochenen Worte und den Klang der gesungenen Lieder, ohne sie jedoch zu verstehen. Vielmehr hatte ich das Gefühl, auf einer weichen Wolke sicher gebettet zu sein, abgeschirmt von der Umgebung.

Mein Blick schweifte ziellos durch den sakralen Raum, als ich plötzlich meinen Vater langsam den breiten Mittelgang direkt auf mich zukommen sah. Er kam mir entgegen, oder vielmehr, er schwebte mir entgegen! Zur Hälfte war er in einem hellen Oval sichtbar, einem ovalen Bilderrahmen aus Licht. Die andere Hälfte, der gesamte Unterkörper, fehlte. Er sprach nicht, er lächelte nur, ich sah die Freude in seinen Augen. Eine Welle, eine plötzliche Fülle breitete sich von meinem Bauch über den gesamten Körper aus. Ich fühlte tiefes Glück. Wenn ich heute, nach so vielen Jahren, diese Worte schreibe, machen sich tatsächlich leichte Zweifel bemerkbar, ob es sich denn wirklich so zugetragen haben kann. Aber immer noch reagiere ich emotional so wie damals in der Kirchenbank und spüre diese Fülle im Bauch. Die Worte mögen sich mit der Zeit verändert haben, aber das Fühlen des Erlebten ist bis heute geblieben.

So saß ich in der Kirche, sah meinen Vater auf mich zukommen und war nicht fähig, irgendetwas zu tun. Ich konnte nur fühlen.

Dieses Ereignis dauerte eine ganze Weile, vielleicht drei oder auch mehr Minuten, das weiß ich heute nicht mehr.

Ich erinnere mich nur noch daran, dass ich plötzlich hemmungslos losheulte und gar nichts dagegen tun konnte. Ich war weder in der Lage, mich zu bewegen, noch etwas zu sagen. Ich sah ihn, meinen »halben« Vater, nur an und weinte.

Und dann entfernte er sich auf die gleiche Weise, immer noch mit freudigen, lächelnden Augen, so, wie er gekommen war. Er wurde immer durchsichtiger, luftiger und verschwand.

Bis ich mich beruhigte und wieder denken konnte, hatte sich die Kirche geleert. Ich war der Letzte. Es war schon spät und ich hatte noch keine Bleibe gefunden. Ich verließ das immer noch hell erleuchtete Gotteshaus und ging zurück zum Auto.

Da sah ich nur hundert Meter weiter auf der gegenüberliegenden Straßenseite ein kleines Hotel. Das hatte ich bei meiner Ankunft nicht bemerkt.

Die Tage in der Stadt verliefen so reibungslos, wie ich es nie hätte planen können. Planung ist auch nicht unbedingt meine Stärke. Ich wusste ja eigentlich nicht einmal, was ich hier, in dieser Stadt, genau suchte. Aber ich wusste, dass es gut war, hier zu sein. Und nach dem Kirchenbesuch am ersten Abend ahnte ich auch, dass ich einen perfekten Reiseführer hatte, meinen Vater.

So besuchte ich in den darauffolgenden Tagen viele Plätze, die für ihn oder für uns beide von Bedeutung waren: sein Geburtshaus in Biscupice, seine Bojtnerka, der kleine Fluss, von dem er viel erzählt hatte, unser Haus, in dem wir vor der Ausreise nach Deutschland gelebt hatten, und einige mehr.

Aber das Highlight behielt sich mein Vater für den Schluss vor.

An diesem Tag, dem Tag vor meiner Rückreise, lief ich an einer großen Straße entlang und las auf Polnisch »Bergbaumuseum«.

Mein Vater war Bergmann gewesen und ich dachte, es könnte nicht schaden, in das Museum hineinzuschauen. Ich wusste nicht viel über seine Arbeit, hatten wir doch fast nie darüber gesprochen. Ich trat durch eine schwere, etwas ungepflegt erscheinende Flügeltür in einen nur spärlich beleuchteten, großen Raum. Hier versuchte ich mich zu orientieren, aber all die Hinweise und Schilder, auf Polnisch geschrieben, überforderten mich doch sehr.

Ein klein wenig Polnisch spreche ich noch, aber mit dem Wortschatz eines Neunjährigen; denn in diesem Alter bin ich mit meiner Familie nach Deutschland ausgewandert. Ab dem ersten Tag in unserer neuen Heimat haben unsere Eltern auch kein Polnisch mehr mit uns Kindern gesprochen. So lernte ich in unglaublich kurzer Zeit Deutsch und vergaß meine Muttersprache fast völlig.

Lesen ist noch viel schwieriger für mich als sprechen, aber irgendwie ging es dann doch. Ich erwarb ein Ticket und fand mich in die Betrachtung eines Schaukastens mit lebensgroßen Figuren in der Tracht der polnischen Bergleute versunken. Ringsherum an den Wänden hingen Schwarzweißaufnahmen von stolzen, ernst dreinblickenden Bergleuten mit Schaufeln und Pickeln. Manche in schönen Uniformen, andere in schmutzigen, verklebten Unterhemden. Überall sah ich Fotos, Arbeitsutensilien, Werkzeuge und ganz viele Texttafeln – natürlich alle auf Polnisch!

Plötzlich hörte ich lautes Kindergeschrei. Unruhe entstand und in dem Gewusel erklang die freundliche Stimme einer jungen Lehrerin, die mit ihrer Schulklasse, lauter acht- bis neunjährigen Jungs und Mädchen, gerade jetzt das Museum besuchte!

Ich konnte es kaum glauben – wie schaffte er das nur, mein Reiseführer?

Ohne groß darüber nachzudenken, folgte ich möglichst unauffällig dieser nun sehr diszipliniert in Reih und Glied sich fortbewegenden Schulklasse. So konnte ich mithören, was die junge Frau ihren Schülern in einem einfachen, mir relativ gut verständlichen Polnisch erläuterte.

Als wir 1969 Polen verließen, war ich genau im Alter dieser Schulkinder. Ich hatte in etwa den gleichen Wortschatz, und dies half mir sehr, den Erzählungen der Lehrerin zu folgen.

Danke Papo, gut organisiert!

Ich hätte anhand der Texttafeln in polnischer Sprache nie verstanden, was es früher bedeutete, ein Bergmann zu sein. Und diese freundliche Pädagogin hat mir auf sehr beeindruckende und verständliche Weise das Leben der Bergarbeiter erklärt.

Was die Frau ihrer Schulklasse erzählte, hat mich sehr bewegt. Ich erfuhr, wie mein Vater unter täglicher Lebensgefahr tagein, tagaus auf Knien rutschend in sechshundert oder gar achthundert Metern Tiefe Schwerstarbeit leistete; dass er zudem zusätzliche Schichten bei der Rettungsstaffel gemacht und tote oder verletzte Kameraden geborgen hatte, um seine Familie zu ernähren.

Da verstand ich ihn! Mir war plötzlich klar, warum es für ihn nur schwer oder gar nicht nachvollziehbar gewesen war, dass sein jüngster Sohn mit Bleistift und Pinsel und bunten Blumen Geld verdiente und auch davon leben konnte.

Am Abend des gleichen Tages fand ich mich tief beeindruckt und erschöpft vom Erlebten in meinem Hotel wieder. Ich rief meine Mutter an, um ihr zu sagen, dass ich am nächsten Morgen zurückfahren würde.

Sie bemerkte so ganz nebenbei: »Na, das ist ja schön, dass du gerade heute in dem Museum warst. Du weißt ja, Papa hat heute Geburtstag!«

Bummmmm! Daran hatte ich überhaupt nicht gedacht. Wenn wir es zulassen, passieren solche Begebenheiten. Wir bekommen oft Hilfe von nahestehenden Seelen. Aber erwarten kann man es nicht und leider nehmen wir die Hilfe häufig nicht wahr.

Natürlich kann man mein Erlebnis auch als »Zufall« verbuchen. Und in gewisser Weise würde es sogar stimmen: Es ist mir zugefallen, aber von meinem Vater beabsichtigt und gelenkt. Dessen bin ich mir ganz sicher!

Das Nicht-Wahrnehmen von etwas
beweist noch nicht dessen Nicht-Existenz.
Dalai Lama

Dass die Seelen von unseren Toten oft noch eine Weile um uns herum »geistern« und uns begleiten, hat eine sehr gute Freundin von mir auch erfahren.

Sie und ihr Mann bauten gerade ein großes Haus, als er völlig unerwartet im Alter von vierundfünfzig Jahren starb. Da stand sie nun mit ihren zwei halbwüchsigen Jungen und einem gerade begonnenen Neubau. Damals hatte sie noch keine Ahnung vom Hausbau. Bei solch einem großen Projekt kann man sich schnell überfordert fühlen, besonders, wenn man sich mitten in der Trauer um den Verlust des Partners befindet. Doch immer, wenn es »eng« wurde, wenn sie sich nicht sicher war, wenn sie den Überblick zu verlieren drohte, kamen Hinweise und Zeichen. Sie lernte, auf diese zu achten, und spürte auch des Öfteren die Präsenz ihres verstorbenen Mannes.

Er war zu Lebzeiten zwar nicht der große Handwerker gewesen, doch konnte er von dort aus, wo er sich gerade aufhielt, seiner Frau helfen und auf die Dinge hinweisen, die nicht korrekt ausgeführt wurden oder die zu beachten waren.

Heute ist sie sich sicher, dass sie gelenkt wurde, von ihrem Schutzengel oder von ihrem Mann – oder von beiden?

DAS ROTKEHLCHEN

Das Telefon klingelte: »Galerie Sargladen, Alfred Opiolka, guten Morgen. ... Ja, ich bin heute im Laden.«

Etwa eine Stunde später hörte ich jemanden meinen Laden betreten. Ich saß am PC im Büro hinter dem Ausstellungsraum und beantwortete E-Mails. Moses, mein damaliger Hund, stand auf und ging schon mal vor, um den Besucher zu begrüßen.

Ich meldete mich mit einem kurzen »Ich komme gleich!« und ließ mir noch eine kleine Weile Zeit.

Dies tat ich absichtlich, um meiner Kundschaft die Möglichkeit zu geben, die Eindrücke zu verarbeiten und einzuordnen, mit denen sie in meinem Laden, wahrscheinlich zum ersten Mal, konfrontiert wurden. Es ist ja nichts Alltägliches, einen Sargladen zu betreten.

»Guten Morgen, Herr Maier!«

Vor mir stand ein großer, angenehm ruhig wirkender Mann zwischen fünfzig und sechzig Jahren im Lodenmantel, mit sehr gepflegtem Äußeren und einem Anflug von Trauer in den Augen.

In dem Telefonat eine Stunde zuvor hatte er mir angedeutet, dass seine bis dahin in Berlin lebende Schwester gestorben sei. Er beabsichtigte, ihr eine besondere Schmuckurne malen zu lassen. Er würde meinen Sargladen vom Vorbeifahren kennen und wollte wissen, ob ich auch etwas kurzfristig eine Urne für ihn gestalten könnte.

»Kommen Sie, setzen Sie sich doch«, sagte ich und bot ihm mit einer Handbewegung einen Stuhl am großen Besprechungstisch an. »Darf ich Ihnen einen Espresso anbieten?«

Während ich nach hinten ging, hatte mein Besucher noch mal ein paar Minuten Zeit, um seine Anspannung loszulassen und Ruhe zu finden.

Beim Kaffee erzählte Herr Maier von seiner Schwester, über ihr Leben und über ihre Arbeit.

Die Dame war begeisterte Ornithologin und ihr Lieblingsvogel war das Rotkehlchen. Ob ich wohl eine Urne mit einem Rotkehlchen malen könnte?

Wie schön, dachte ich. Finde ich doch selbst diesen Vogel mit seinem herrlichen rostroten Brustgefieder wunderschön.

Während wir uns unterhielten, sang »Vivaldi«, mein Kanarienvogel, seine Morgenouvertüre. Es war fast täglich das gleiche Konzert, mit dem ich beschenkt wurde. Ich hatte zu dieser Zeit drei Kanaris: Vivaldi, Placido und Franz. Immer zwei von ihnen befanden sich im Atelier, dem hintersten Raum des Ladens. Sie durften dort frei fliegen und hatten »Urlaub«. Der Dritte von ihnen, an diesem Tag war es Vivaldi, hatte »Dienst«. Dienst haben hieß, im Laden »fleißig singen«! Alle zwei Tage wurde gewechselt und ein anderer Vogel musste »arbeiten«.

Zwischen dem Atelier, in dem meine Vögel fliegen durften, und dem Ausstellungsraum, in dem Herr Maier und ich uns damals unterhielten, lag ein langer, dunkler Flur mit fünf Türen. Ein schwerer, deckenhoher Vorhang trennte das Büro vom Laden.

Meine drei Sänger »arbeiteten« schon seit Jahren für mich und noch nie war es vorgekommen, dass einer der Vögel aus dem Atelier bis vorne in den Laden geflogen kam.

Aber an diesem Morgen passierte genau das!

Ich machte gerade ein paar Notizen, während Herr Maier über die Arbeit seiner Schwester sprach, als plötzlich ein Vogel dicht über unseren Köpfen dahinsegelte.

Im ersten Moment dachte ich natürlich, der »diensthabende« Vivaldi hätte sich aus seinem Vogelbauer befreit. Aber der saß da, wo er hingehörte.

Also musste es einer der beiden »Urlauber« aus meinem Atelier sein!

Nichts Besonderes, könnte man meinen, doch mir war sofort klar, dass hier etwas Größeres passierte.

Da war nicht nur ein Kanarienvogel über unsere Köpfe geflogen, da war wieder einmal diese Präsenz von etwas oder jemand Unsichtbarem. Ich hatte das nun schon mehrmals erlebt, am intensivsten damals mit meiner Großmutter im Auto.

Man spürt eine Präsenz in unmittelbarer Nähe, fast zum Anfassen. Aber mit den Augen ist nichts zu sehen. Man kann die Nähe eines Wesens sogar ziemlich genau orten. Man fühlt, ob es sich von hinten, von der Seite oder aber von oben nähert. Und dieses Annähern empfand ich dicht über mir – genau in dem Moment, als der Vogel über unsere Köpfe flog und seine Runden drehte.

Natürlich, es konnte nur die Ornithologin sein! Einen eindeutigeren Hinweis kann man kaum bekommen. Sie war ja Mittelpunkt unseres Gespräches. Sie wollte ihrem Bruder wohl ein Zeichen geben, möglicherweise, dass es sie freute, was er da tat, oder vielleicht einfach nur sagen: »Ich bin nicht weg, ich bin in deiner Nähe.«

Ich habe mittlerweile öfter erfahren, dass die Seelen von Verstorbenen versuchen, mit den Lebenden in Kontakt zu treten. Da es aber anscheinend für sie nicht möglich ist, zu sprechen (obwohl ich da auch schon Gegenteiliges gehört habe) oder zu schreiben, arbeiten sie mit Zeichen oder Hinweisen, die manchmal sehr klar und eindringlich sein können.

Eine Ornithologin schickt einen Vogel – geht es noch offenkundiger?

Für meinen Auftraggeber schien das ganze Geschehen bei Weitem nicht so erstaunlich wie für mich. Er hatte ja schon beim Betreten des Ladens den Holzkäfig mit dem singenden Vogel bemerkt. So war es für ihn wohl nicht weiter verwunderlich, einen zweiten, frei fliegenden, im Raum zu sehen.

Ich hingegen wusste, dass es in all den Jahren, die ich in diesen Räumen verbracht hatte, zum ersten Mal vorkam. Noch nie war einer meiner Meistersänger vom hintersten Raum bis vor in mein Büro geflogen, geschweige denn, von da durch den Vorhang in den Ausstellungsraum. Und das gerade heute und gerade zu dem Zeitpunkt, als Herr Maier mir von seiner verstorbenen Schwester und ihrer Liebe zum Rotkehlchen erzählte!

Menschen, die solch eine Erfahrung noch nicht gemacht haben, könnten einwenden: »Zufall!« Für mich aber existiert »Zufall« nicht, und mir war damals völlig klar, dass ich wieder einmal »Besuch« hatte. Während ich diese Zeilen niederschreibe, kommt mir der Gedanke, dass die verstorbene Vogelkundlerin ihren Bruder absichtlich zu mir gelenkt haben könnte, da sie wusste, dass auch ich Vögel besonders liebe und sie oft und gerne male.

Nach dieser tiefgreifenden Erfahrung ging ich voller Inspiration an die Arbeit. Und ich stellte mir vor, dass mir die »heimliche Auftraggeberin« beim Malen über die Schulter schauen würde.

MOSES

Im Alter von etwa fünf Jahren habe ich meinen ersten Hund bekommen und kann es mir heute kaum vorstellen, ohne solch einen Begleiter zu leben. Einer meiner Hunde, »Moses«, den ich schon erwähnt habe, lebte fast siebzehn Jahre mit mir zusammen, und wir waren wirklich ein eingespieltes Team. Er war ein bunt gefleckter Mischling, der Stil und Charakter hatte und bei Fragen nach seiner Rasse immer als »Polnischer Jagdterrier« vorgestellt wurde. Er trug auch meist eine rote Krawatte, weil Halsbänder doch eher etwas für »Hunde« waren ... Die Sache mit der Krawatte war etwas Besonderes. Liefen wir durch die Stadt oder über den Wochenmarkt, zeigten sonst auch noch so mürrische Gesichter ein Lächeln.

Schön, wenn man mit solch einfachen Dingen bei den Menschen etwas Freude hervorlocken kann!

Moses und ich wurden zusammen älter. Er war immer bei mir, bei all meinen Aufträgen, im Urlaub, sogar im Kino. Da er nicht mein erster Hund war, wusste ich, dass unsere gemeinsame Zeit sich irgendwann dem Ende zuneigen und die Zeit des Abschiednehmens kommen würde.

Wir beide hatten ein Abkommen unter Männern getroffen: Ich hatte ihm versprochen, alles Erdenkliche für ihn zu tun, solange er noch Treppen steigen und mit im Auto fahren konnte. Das waren die Grundvoraussetzungen unseres Zusammenlebens. Ich war beruflich viel unterwegs und es wäre nicht möglich gewesen, ihn zu Hause zu lassen. Und wenn es nicht mehr ginge, so versprach ich ihm, würde ich da sein, ihn halten und bis zum letzten Atemzug begleiten.

Dann war es eines Tages so weit. Moses hatte an diesem Tag bereits Schmerzen und nahm auch kein Futter mehr. Er konnte nur schwer aufstehen, geschweige denn »Gassi« gehen. So kniete ich eine Zeitlang neben meinem Freund, kraulte ihm die Ohren und wir verabschiedeten uns auf unsere Weise.

Die Entscheidung war gefallen. Kurz danach fuhr ich mit meinem »Kumpel« zur befreundeten Tierärztin.

Ich legte Moses auf eine Decke und Frau Dr. N. erklärte mir genau, was passieren würde. Dann setzte sie die erste der zwei Spritzen.

Die Spritze war gerade injiziert, als die Tochter der Ärztin ins Behandlungszimmer trat.

Sie sah uns neben meinem Hund am Boden knien und sagte: »Hallo, Moses, was machst du denn hier? Willst du ein Leckerli?«

Der Hund sah sie an, wedelte mit dem Schwanz, rappelte sich tatsächlich etwas auf und nahm das dargebotene Leckerli aus ihrer Hand!

In diesem Moment kam ich mir so fies, so gemein, so elend vor!

‚Ihm geht es ja doch nicht so schlecht!', schoss es mir durch den Kopf. Nein, nicht nur durch den Kopf, durch den ganzen Körper! Hätten wir ihm vielleicht nur eine Schmerzspritze geben sollen? Hatte ich die Zeichen falsch gedeutet? War seine Zeit noch gar nicht gekommen?

Es war schrecklich!

Die Tierärztin beruhigte mich. Sein Verhalten wäre normal, weil die Injektion die Schmerzen für den Moment linderte. Es wäre gut so und auch gleich vorbei. Und so war es auch.

Moses starb schmerzfrei an mich gelehnt und von mir gehalten.

Dennoch hat mich dieses Erlebnis sehr verunsichert. Ich fragte mich, ob es denn wirklich der richtige Zeitpunkt war, uns voneinander zu trennen. Ich hatte ihm doch versprochen, solange wie möglich alles für ihn zu tun, was für mich vertretbar war. Hatte ich wirklich alle Möglichkeiten ausgeschöpft?

Diese Gedanken quälten mich sehr lange.

Etwa zwei Jahre später wachte ich eines Morgens mit verheulten Augen auf. Ich hatte Moses im Traum getroffen! Und es fühlte sich genauso an wie damals, als ich meinen Vater in der polnischen Kirche wiedergesehen hatte. Es war völlig real. Ich spürte die gleichen Emotionen und Gefühlswallungen wie damals bei meinem Vater. Und auch in diesem Fall war ich wieder nicht in der Lage zu sprechen.

Ich träumte: Ich fuhr mit einem weißen Kombi einen Weg hinunter, der zur Tiefgarage führte, rechts die Einfahrt, links die Ausfahrt, dazwischen ein schmaler Grünstreifen. Etwa fünf Meter vor dem Ticketkasten kam mir plötzlich Moses aus der Garage entgegen, schnuppernd und mit dem Schwanz wedelnd. Ich traute meinen Augen nicht! Ich öffnete das Autofenster und wollte ihn rufen, aber ich brachte keinen Ton heraus. Er schaute mich nur an, lächelte und gab mir ohne Worte zu verstehen:

»Es ist alles gut so, wie es ist. Es geht mir gut. Mach dir keine Vorwürfe, es ist alles in Ordnung.«

Dann lief er, wedelnd und schnüffelnd, am Auto vorbei den Grünstreifen hoch.

Im nächsten Moment bin ich aufgewacht.

Ich spürte schon seit geraumer Zeit das Verlangen in mir, wieder einen Begleiter, einen Hund, an meiner Seite zu haben, aber irgendetwas hatte mich bislang davon abgehalten.

Nun, nach diesem Traum, fühlte ich mich frei und wieder bereit für den nächsten Freund auf vier Pfoten. Kurz darauf bin ich auf Hermes, einen weißen Königspudel, gestoßen, der mich ebenfalls täglich überallhin begleitet und natürlich auch eine rote Krawatte trägt.

TIERSÄRGE

Die Morgensonne spiegelte sich in den Schaufenstern meines Ladens. Ich saß an dem großen Kirschbaumtisch, den mir meine Frau auf einer Auktion ersteigert und zur Einweihung meiner Galerie geschenkt hatte, und blickte in den hell beschienenen Ausstellungsraum. Ich sah große, rote Rosen neben blauem Enzian »blühen«, links davon leuchtend gelbe Sonnenblumen und direkt vor mir weiße Kirschblüten mit goldenen Zentren auf hellem Holz. Und überall flatterten Freudlinge in gaukelndem Flug. Zudem duftete es nach Holz und frischem Heu. Der Holzduft stammte von den Hackschnitzeln, mit denen mein Laden ausgelegt war, und der Heuduft von der Füllung der Särge.

Und Pavarotti, einer meiner Kanarienvögel, sang das Morgengebet.

Vor dem Schaufenster stand eine ältere Frau. Nach einem kurzen »Scan« kam ich zu der Entscheidung, dass sie keine potenzielle Kundschaft für mich darstellte. Man bekommt mit der Zeit einen ziemlich sicheren Blick dafür.

Ich widmete mich meiner sich stapelnden Post, als die Türglocke ertönte und die Dame von draußen in meinen Laden trat.

Ich begrüßte sie und fragte, ob ich helfen könnte. Sie wirkte nicht, als ob sie in tiefem Schmerz oder in Trauer wäre. Umso mehr traf mich ihre Frage nach dem Preis für zwei Kindersärge.

In diesem Moment überschlugen sich tausend Fragezeichen in meinem Kopf. Ich nannte ihr den Preis und sie bemerkte meinen fragenden Gesichtsausdruck.

»Ja, wissen Sie«, begann sie, »ich habe zwei alte Hunde und es wird bald so weit sein, dass ich sie verlieren werde. Und da wünsche ich mir für jeden von ihnen solch einen schönen, bemalten Sarg.«

Alarm!!!! Eine innere Stimme warnte mich: »Pass auf, du begibst dich da auf gefährliches Terrain! Du malst für Menschen und nicht für Tiere. Wenn jemand erfährt, dass in deinen Schreinen nicht nur Menschen, sondern auch Hunde oder vielleicht auch Katzen liegen, sind dein Name und dein Geschäft ruiniert! Denk an all die Neider ... den Pfarrer ... die Presse!«

Die innere Stimme gewann die Oberhand und ich erklärte der Dame, dass ich meine hochwertigen Schreine ausschließlich für Menschen und nicht für Tiere herstellte und dabei zu bleiben gedächte.

Die Frau verließ meinen Laden und ich begab mich wieder an die Arbeit.

Doch der Vorfall beschäftigte mich gedanklich mehrere Tage so sehr, dass ich nicht einmal fähig war, mit meiner Frau darüber zu sprechen. Es ging mir miserabel und ich wusste nicht so recht, warum.

Bis mir irgendwann klar wurde, dass die warnende »innere Stimme« in diesem Falle nichts anderes als einer dieser eingefahrenen, tief verankerten, überkommenen Grundsätze war, die man haufenweise ein Leben lang mit sich herumträgt. Eine einmal gebildete Meinung oder Erfahrung, die schwer zu verändern ist.

Ich begann, mit mir ins Gericht zu gehen: Woher nahm ich mir heraus zu beurteilen, ob es gut oder schlecht war, Hunde in meinen Särgen zu beerdigen? Weil ich es zu dem Zeitpunkt damals nicht getan hätte?

Ich überlegte hin und her und erkannte immer deutlicher, wie vermessen meine Reaktion der Dame gegenüber gewesen war.

Ihr Wunsch passte nicht in mein Weltbild ... in *mein* Weltbild!

Für meine »normalen« Kunden stellte ich von Anfang an, wenn es sein musste, »die Welt auf den Kopf«, um einen Abschied, eine Beisetzung so schön wie nur möglich zu gestalten. Habe ich mich aber jemals gefragt, ob Frau X ihren verstorbenen Gatten wirklich so sehr geliebt hatte, oder ob eine aufwändige und exklusive Bestattung vielleicht nur inszeniert wurde, um die Trauergemeinde zu beeindrucken? Und wer konnte mir sagen, ob diese Frau ihre beiden alten Hunde nicht genauso liebte wie die Witwe den Gatten, den sie zu Grabe geleitete?

Stand es mir zu, darüber zu urteilen, welche Liebe die echte, die »wertvollere« war, die zu einem Menschen oder die zu einem Tier?

Durch diesen Vorfall wurde mir mit großer Heftigkeit bewusst, dass ich nicht das geringste Recht hatte, die Wünsche meiner Kunden zu bewerten.

Im Nachhinein tat es mir sehr leid, dass ich der Frau die Schreine für ihre Hunde nicht verkauft hatte. Ich hätte ihr sehr gerne erzählt, dass ihr Besuch in meinem Laden mein Inneres in Bewegung und in Aufruhr versetzt hatte. Ihr hatte ich zu verdanken, dass eine meiner »gemauerten« Grundeinstellungen ins Wanken, ja, zu Fall gekommen war!

Dafür bin ich ihr heute noch von ganzem Herzen dankbar! Sie war in ihrer Art eine Wegbereiterin, wie auch ich mich mit meiner Arbeit als Wegbereiter verstehe. Ich erwartete und wünschte mir von meinen Mitmenschen, dass sie meiner Kunst und meiner Philosophie gegenüber offen wären, wünschte, dass sie sie verstehen und nachvollziehen können, hatte aber selber Probleme damit zu akzeptieren, dass jemand seinem Hund die gleiche Liebe und Wertschätzung entgegenbringt wie andere einem Menschen gegenüber.

Das war eine große Lernaufgabe für mich!

WOZU DER AUFWAND?

»Wozu treiben Sie einen solchen Aufwand bei einer Beerdigung?«

Das ist die kritische Frage, die mir am häufigsten gestellt wird.

Meine Gegenfragen lauten: »Wozu der Aufwand jährlich zum Geburtstag? Manche Menschen feiern diesen schon zum neunzigsten, ja zum hundertsten Mal.«

»Wozu dieser wahnsinnige Aufwand bei einer Hochzeit? Heiraten kann man, wenn's dumm läuft, durchaus mehrmals.«

Aber den Abschied von unserem *WUNDERvollen* blauen Planeten kann man in diesem Leben nur ein einziges Mal feiern.

Aus meiner heutigen Erfahrung heraus traue ich mich zu behaupten, dass die Frage nach dem Aufwand auf einer möglicherweise althergebrachten Einstellung beruht: »Der ist doch sowieso nicht mehr da, der bekommt das ja gar nicht mehr mit!«

Wer kann sicher sagen, dass wir wirklich »weg« sind und nichts mehr mitbekommen?

Es gibt sehr viele Bücher und Filme über Nahtoderfahrungen und ein »Leben danach«. Nachdem man sie gelesen bzw. angesehen hat, wird sich sicherlich die Sichtweise des einen oder anderen Lesers oder der ein oder anderen Zuschauerin sehr verändern. Ich habe in den letzten Jahren so viel Schönes und Erstaunliches bezüglich des Diesseits und des Jenseits erleben dürfen, dass ich heute sogar sage: Ich glaube nicht, dass es ein »Leben« nach dem Tod gibt, nein, ich WEISS ES!

Diese Gewissheit macht mein Leben sehr viel leichter und sinnvoller. Ich trage keine Angst mit mir herum wie möglicherweise Menschen, die sich ein »Danach« nicht vorstellen können.

Zudem soll »der Aufwand« die Verstorbenen und die Lebenden würdigen.

Gut, für die Toten ist all das Irdische hier höchstwahrscheinlich vorbei, sie sind auf einem neuen Weg.

Aber was ist mit den Angehörigen? Sie haben rund um den Todesfall viel zu erledigen und viel zu bewältigen. Es ist oft Angst da, Trauer, vielleicht auch Wut. Wenn dann die Verabschiedung trostlos und grau abläuft und nichts Aufbauendes und Tröstliches für sie hat, dann ist der Verlust eines nahestehenden Menschen noch schwerer zu ertragen.

Ist es da nicht verantwortungsvoll und auch ein Geschenk an die Familie und die Freunde, wenn die eigene Beerdigung geplant wird und sich zu einem schönen Fest entwickeln darf?

Meine bemalten Schreine schaffen es immer wieder, die Menschen bei einer Abschiedsfeier zum Lächeln zu bringen. Das bedeutet mir sehr viel und ich bin sehr dankbar dafür, dass ich durch meine Arbeit, durch meine Kunst Menschen eine Freude machen kann.

Doch es muss ja nicht unbedingt ein Schrein von mir sein. Es gibt noch viele andere Möglichkeiten, den endgültigen Abschied eines Menschen als unvergessliche Feier zu gestalten. Das folgende Kapitel beschreibt ein solches Fest.

DAS LETZTE FEUER

Die für mich mit Abstand schönste und würdevollste Verabschiedung habe ich vor wenigen Jahren im Allgäu erleben dürfen.

Nachdem ich von einer Ausstellung in Zürich zurückkam, erfuhr ich durch Freunde, dass ein mir gut bekannter und sehr beeindruckender Mann gestorben war: Suizid!

Das konnte ich im ersten Moment gar nicht richtig fassen. Wir waren keine engen Freunde, aber man kannte und schätzte sich und die Arbeit des jeweils anderen. Für uns beide waren die Themen Tod und Abschied sehr präsent, insbesondere, nachdem ich über meine bemalten Särge berichtete, ergaben sich immer wieder sehr intensive und bereichernde Gespräche zwischen uns. Umgekehrt beschäftigte ich mich schon immer mit Heilpflanzen, Kräutern und deren Wirkung auf uns Menschen, die im Mittelpunkt seines Schaffens standen und auch ein bedeutender Teil in meiner Malerei sind.

Und nun sollte er nicht mehr sein?

Ein paar Tage später las ich in der Zeitung seine Todesanzeige mit der Einladung, ihn zu seinem letzten Feuer zu begleiten. Es sollte am Karsamstag stattfinden, in der Nacht der Wiederauferstehung – das Datum konnte nicht passender gewählt sein.

Dieser Mann war Schamane und wusste über die Kraft der Feuerzeremonien Bescheid, beispielsweise in Verbindung mit den Jahreszeiten. Er hatte oft solche Feuer im Rahmen von Seminaren und mit oder für Menschen zelebriert, die ihn in seinem Leben begleitet hatten. Sein Hof war in der sanften, hügeligen Voralpenlandschaft des Allgäus gelegen, seine außergewöhnliche Gärtnerei war Treffpunkt für Menschen mit einer besonderen Verbindung zur Natur. In dem gut besuchten, alternativen Teehaus konnte man außer duftenden Teesorten auch hervorragende Literatur über die Heilung mit heimischen Kräutern, über Pflanzenwesenheiten, Räucherungen und vieles andere mehr erhalten. Dabei kam man immer mal in Kontakt mit denjenigen, die dieses Wissen praktizierten und lebten.

Es ist für mich sehr beruhigend zu wissen, dass viele Menschen, gerade junge, diesen Weg für sich und ihre Familien gewählt haben. Mancher hat vielleicht den Eindruck, dass es nur ein paar wenige sind im Vergleich zu der scheinbaren Überzahl derjenigen, die die Natur und ihre Geschenke an uns und alle anderen Lebewesen mit Füßen treten, sie mit Gedanken verletzen und auf allen Ebenen vergiften. Aber der Schein trügt meines Erachtens.

Es sind meist eher stille Leute, die allem Leben und unserer Mutter Erde mit viel Liebe und Respekt begegnen und ihre Überzeugung leben.

Was ich damit sagen möchte, würde ich gern an einem Beispiel verdeutlichen:

Stellen Sie sich bitte eine Menschenansammlung vor, tausend Konzertbesucherinnen und -besucher auf einer großen Wiese vor einer Bühne. Alle lauschen den feinen Klängen der Instrumente, die da meisterlich gespielt werden. Es ist keine vollkommene Stille, aber man nimmt Rücksicht, um niemanden zu stören, und richtet seine Aufmerksamkeit weitestgehend auf das harmonische Spiel der Musiker.

Und dann steht ein Einziger von den tausend Besuchern auf und brüllt sein persönliches Missfallen über die Darbietung in die Menge. Er übertönt in dieser Stille alle anderen Klänge – ein einziger Mann.

Zwei bis drei andere Besucher versuchen, den Brüllenden zu besänftigen, was ihn allerdings noch aggressiver macht. Der anwesende Zeitungsjournalist, der von seiner Redaktion angewiesen worden war, über das Konzert zu berichten, macht einen Schnappschuss von dem brüllenden, wild gestikulierenden Mann und den neben ihm stehenden Besuchern.

Am nächsten Morgen liest man in der Zeitung die Überschrift: »Alternatives Konzert mit vielen unzufriedenen Besuchern!« Im nachfolgenden Text ist zudem der Unmut des Reporters deutlich zu spüren, der zur Berichterstattung verpflichtet wurde, obwohl er den Abend viel lieber mit seiner Freundin verbracht hätte. Und was denkt der Durchschnittsleser eventuell?

»Sieh'ste, Paule, die alternativen Müslilutscher prügeln sich genauso wie die Demonstranten, und guck mal: so viele gegen einen!«

Über die restlichen neunhundertneunundneunzig Konzertbesucherinnen und -besucher wird nicht berichtet, die waren zu ruhig, zu unspektakulär, um dem Reporter aufzufallen.

Mein Beispiel hat Parallelen zu dem »großen Konzert« auf unserem Planeten. Überall wird fast ausschließlich über die »Brüller« berichtet, ob in den halbstündlichen Nachrichten, in all den Zeitungen, im Radio oder beim Stammtisch. Überall Horrorszenarien. Das ist in meinen Augen gefährlicher als ein Virus; da gilt es, sich davor zu schützen und seine Aufmerksamkeit der anderen Seite zu widmen, den ruhigen, den »Kriegern des Lichts«, wie Paulo Coelho sie in seinem gleichnamigen Buch nennt. Ich habe mein eigenes Leben so ausgerichtet, dass ich dem Negativen und Belastenden in dieser Welt keine Aufmerksamkeit schenke, dafür aber allem Schönen und Guten.

Ich bin sehr zuversichtlich, dass es sehr viele Menschen gibt, die ähnlich wie ich denken und ihr tägliches Leben danach gestalten. Wir sind auf einem sehr guten Weg.

Zurück zum »letzten Feuer«:

Von der Terrasse des Teehauses aus sieht man hinunter auf die Wiesen und Felder, auf denen Mutterpflanzen angebaut werden, Neues ausprobiert, gesät und geerntet wird. Zwischen den Beeten und kleinen Äckern winden sich Wege und Pfade. Steinkreise, Naturaltäre und Kunstobjekte sind an passenden Orten installiert.

Auf dem Areal fanden sich an diesem Karsamstagnachmittag sehr viele Menschen ein. Manche saßen an dem kleinen zugewachsenen Teich. Andere bewunderten blühende Pflanzen, pflückten Blumen oder standen in kleinen Gruppen zusammen. Kinder spielten Fangen, Hunde lagen im kühlen Gras. Erstaunlich fand ich, dass niemand in Schwarz erschienen war, wie sonst bei Verabschiedungen üblich. Mit Ausnahme vielleicht des Pfarrers, einem Freund der Familie, aber das kann ich nicht mehr so genau sagen.

Entlang der Wege und Pfade brannten Hunderte von Kerzen in dünnen, mit Erde gefüllten Papiertüten und gaben ein wundervolles, warmes Licht – wie eine überdimensionale, pulsierende Perlenkette.

Und überall sah man die ersten Frühlingsboten blühen, die wilden Schneeglöckchen.

Auf dem Weg hinunter zum Hauptfeld, auf dem drei offene Feuerstellen in verschiedenen Größen aufgebaut waren, kam man an einem mit Kräutern und Blumen geschmückten Traktoranhänger vorbei. Darauf lag ein Kondolenzbuch für die Trauergäste, die gern eine Würdigung schreiben wollten.

Üppige Stauden von Salbei, Herzgespann und anderen Kräutern standen überall als Schmuck und Räucherwerk, dazwischen Amulette, schamanische Zeichen und Symbole.

Von hier aus waren es etwa zwanzig Meter zur ersten und kleinsten Feuerstelle. Das Bild des Verstorbenen stand davor und rund um das mit großen Steinen gesicherte Feuerholz fand man wieder Körbe voller feinster, duftender Kräuter. Sie sollten ihn ehren und später als Gruß die Flammen nähren. Ein würziger Duft umgab diesen Feuerplatz. Es wurde später Nachmittag. Die Gäste wurden immer zahlreicher und eine angenehme, friedliche Stimmung breitete sich mit der eintretenden Dämmerung aus.

Man hörte die Stimmen spielender Kinder und monotones Trommeln im Hintergrund.

Am zweiten Feuer, dem etwas größeren im hinteren Teil des Feldes, standen nur wenige Menschen, vielleicht in ein Gebet oder in ein anderes Ritual vertieft.

Es waren auch Schamanen anwesend, die die Zeremonie leiteten. Ich wanderte langsam mit meinem Hund die Wege entlang, die dieser Mann, der nun nicht mehr lebend unter uns weilte, so oft gegangen war. Er war ein Pionier gewesen und ein unermüdlicher Macher auf seinem Gebiet. Anfangs, vor mehr als zwei Jahrzehnten, hatte man ihn als einen »grünen Spinner« verspottet und über seine »Humbug«-Vorträge zu Themen wie »Pflanzengeister« oder »Heilzeremonien« gelacht. Später jedoch, als er bekannter und erfolgreicher wurde, kamen die anderen »Mitbewerber«, die ihn als einen zu einflussreichen Konkurrenten auf dem gerade entstehenden Markt der Kräuterheilkunde ansahen.

Zuerst ignorieren sie dich, dann lachen sie über dich, dann bekämpfen sie dich und dann gewinnst du.
Mahatma Gandhi

Viele Fragen bewegten mich auf meinem Gang durch den Garten. Ich folgte dem Weg mit den vielen Lichtern, die in der zunehmenden Dunkelheit immer heller leuchteten. Und später, als es ganz dunkel war, konnte man die illuminierten Wege durch die Felder und Beete vom Hügel aus bewundern. Die Wegführung war deutlich zu erkennen. Muss es im Leben erst richtig dunkel um einen werden, bis man seinen Weg wahrnimmt?

Die Anwesenden versammelten sich langsam um den größten der drei Feuerplätze in der Mitte des Terrains. Fackeln wurden an den bereits brennenden Feuern entzündet. Mit ihnen wurde dann der letzte, hoch aufgeschichtete Berg aus Holz und Ästen und anderen mystischen oder auch ganz alltäglichen Gegenständen und Beigaben in Brand gesetzt.

Die Trauergäste ordneten sich zu einem großen Kreis rund um das große Feuer, welches immer heller aufloderte.

Der anwesende Pfarrer sprach ein paar bodenständige und berührende Worte zu seinem verstorbenen Freund und zu den Hinterbliebenen.

Die Trommler begannen, einen auf- und absteigenden Rhythmus zu schlagen, und alsbald erklangen die ersten Mantren und Sprechgesänge. Zurückhaltend noch, eher fragend, suchend, schienen die Stimmen zu sein. Von der anderen Seite des Feuers wurde erst leise, aber schnell kräftiger werdend, geantwortet.

Eine »Unterhaltung« begann und dazu all überall der Duft von Räucherwerk. Der Trommelschlag wurde lauter, die Stimmen intensiver.

Ich kann heute nicht mehr sagen, wie lange das Ritual dauerte und was ich dabei dachte, ob ich überhaupt dachte. Als das Feuer etwas heruntergebrannt war, veränderten sich die Mantren, wurden leiser. Der Ring aus Menschen rückte enger zusammen, näher ans Feuer. Man spürte die körperliche Nähe der Nebenstehenden, hörte sie mitsingen oder summen.

Dann wurde es still. Eine Frau, die sich auf zwei Krücken stützen musste, wurde in die Mitte, dicht ans Feuer geführt.

Was dann geschah, war unbeschreiblich, es überschlugen sich alle Gefühle in mir. Ich war buchstäblich bis ins Mark getroffen! Die weißgekleidete Frau erhob ihre Stimme zu einem Klagelied und schon der allererste Ton öffnete bei mir alle Schleusen. Mir liefen die Tränen, solange sie ihren Kummer und ihre Trauer in die Frühlingsnacht, in diese Karsamstagnacht hinausschleuderte.

Zwischendrin gab es auch leisere, fast zärtliche Passagen. Man konnte meinen, einer sehr emotionalen Diskussion zwischen einem Paar zu folgen. Schließlich wurde der Trauergesang immer leiser und leiser, bis man das Knistern des Feuers wieder hören konnte.

Langsam lösten sich die Menschen voneinander und verließen den Kreis.

Im heiligsten der Stürme falle
zusammen meine Kerkerwand,
und herrlicher und freier walle,
mein Geist ins unbekannte Land.

Friedrich Hölderlin

Die so andersartige und emotionale Abschiedsfeier zu Ehren des Verstorbenen hat mich sehr ergriffen.

Die Welt hat einen Vorreiter verloren, der über enormes Wissen und großes Verständnis für die Natur verfügte. Das machte mich sehr traurig.

Und doch – und ich traute mich fast gar nicht, dieses Gefühl zuzulassen – fühlte ich mich auf der Heimfahrt nach dieser Verabschiedung irgendwie heiter, leicht und glücklich. Glücklich darüber, solch eine berührende und würdevolle Abschiedszeremonie miterlebt zu haben, glücklich, dass ich hatte dabei sein dürfen. Auch so kann sich eine Verabschiedung oder auch eine Beerdigung anfühlen.

Und nach kurzem Schlaf
erwachen wir zur Ruh.

John Donne

DAS IST JA VIEL ZU SCHADE!

Das ist ja viel zu schade!

Diesen Ausdruck des Bedauerns höre ich immer wieder, egal, wo ich meine Schreine ausstelle. Ich bin es manchmal schon müde, immer die gleichen Argumente ins Feld zu führen; aber es ist mir wichtig, nicht nur zu malen, sondern auch mit den Menschen zu sprechen.

Und die meisten hören sehr interessiert zu, können sie sich doch kaum einmal ungezwungen mit jemandem über das Thema Tod und Trauer austauschen.

Vielleicht mit dem Bestatter, aber da geht es doch meist um nüchterne Dinge wie Rechnungen, Anrufe bei Ämtern, um Stammbücher oder die Sterbevorsorge.

Mit dem Pfarrer klappt es auch nicht immer, weil Priester sich an ihren Glauben halten und alternative Denkansätze nicht immer schätzen. Auch haben sie häufig wenig Zeit, wenn sie zwei oder mehr Gemeinden gleichzeitig betreuen müssen. Da bleibt leider nicht viel Raum für die Seelsorge und für die Belange der Menschen übrig. Aber hier und da trifft man sie doch, die Pfarrer, bei denen es menschelt. Gott sei Dank!

Mit dem eigenen Mann oder der Frau oder den Kindern ist es noch schwieriger. Der Versuch, mit dem Partner über das Ableben zu sprechen, kann ziemlich schiefgehen. Er starrt womöglich verkrampft in seine Zeitung und sagt irgendwann genervt: »Das bereden wir ein anderes Mal«, steht missmutig auf und geht zu Bett oder in den Garten. Die Partnerin verhält sich eventuell ähnlich. Die Kinder, auch wenn sie mittlerweile längst erwachsen sind, antworten ganz verständnislos: »Mama, du wirst uralt, das ist noch so lange hin!«

Dem anfangs erwähnten bedauernden Satz: »Das ist ja viel zu schade!« wird oft der Zusatz »... zum Verbrennen« hinzugefügt. Ich wundere mich dann, denn die wenigsten sagen: »... zu schade zum Beerdigen«.

Ist es nicht egal, ob Feuer oder Erdbestattung? Doch es scheint da einen Unterschied zu geben.

Frage ich nach, ob die Kunden es sich nicht selbst wert seien, in einem echten Schmuckstück verabschiedet zu werden, bekomme ich meist zur Antwort: »Das bekomme ich ja sowieso nicht mehr mit.«

Dies lasse ich ungern so stehen, ja, ich behaupte sogar das Gegenteil.

Wie kann Schönheit zu schade für eine Verabschiedung sein?

Bei einer solchen Gelegenheit fragte ich die Dame, die mir gegenübersaß: »Kochen Sie gerne?«

Ihre Antwort: »Ja, schon!«

»Und wie viel Zeit verbringen Sie damit, ein Sonntagsmenü für ihre Lieben auf den Tisch zu bringen? Als Erstes überlegen Sie doch, was gekocht werden soll, oder? Natürlich die Leibspeisen der Kinder! Sie kaufen bestes Gemüse frisch vom Markt, denn die Kinder kommen ja! Dann legen Sie das Fleisch ein und backen Tortenböden. Am Sonntagmorgen haben Sie keine Zeit für ein gemütliches Frühstück mit Ihrem Mann. Stattdessen wird geschält, gewürfelt, geklopft und gehackt.

Um dreizehn Uhr sitzen alle am liebevoll dekorierten Tisch – die Kinder kommen ja so selten! Sie servieren das Essen. Man isst, man spricht, man lacht (hoffentlich) und wenn Sie Glück haben, bekommen Sie ein Kompliment, weil es wieder ganz fantastisch geschmeckt hat!

Dreißig Minuten später ist auch der Nachtisch in den hungrigen Mägen verschwunden. Es sind alle satt geworden – zufriedenes Verdauen.«

Dann fügte ich hinzu: »Aber satt geworden wäre die ganze Familie auch, wenn Sie nach einem schönen, gemütlichen Vormittag mit ihrem Mann um zwölf Uhr den Pizzaservice angerufen, für jedes Familienmitglied eine große Pizza und einen Salat bestellt und im Tiefkühlfach bereits portioniertes Eiskonfekt zum Nachtisch bereitgehalten hätten. Kurz vor dreizehn Uhr schnell eine Tischdecke auf den Tisch gelegt, ein paar Teelichter auf Untertassen gestellt – fertig. Die Kinder kommen, man isst, man spricht, man lacht und man wird satt. Das Ergebnis ist das Gleiche.«

Ich musste danach nichts mehr sagen, die Dame mir gegenüber hatte mich verstanden.

Und genau darum geht es mir mit meinen Schreinen. Ich male viele Stunden, verwende nur hochwertige Materialien, Kräuter, ätherische Öle, Bioheu. Und das alles für den oft sehr kurzen Zeitraum der Verabschiedung.

Und mir ist es das wert.

Sicherlich geht es bei einer Beerdigung um die Wertschätzung dem Verstorbenen gegenüber. Doch mindestens genauso wichtig, wenn nicht sogar noch wichtiger ist doch das letzte Bild, welches die Hinterbliebenen in ihrer Erinnerung behalten.

Als ich vor vielen Jahren mit der Gestaltung der Schreine begonnen habe, war es für mich ganz klar und logisch, dass ich für den Verstorbenen arbeite.

Ich räucherte meine Schreine und die Räume, in denen ich arbeitete, mit Weihrauch und heimischen Kräutern, hörte fast ausschließlich klassische Musik bei der Arbeit und nutzte ätherische Duftöle, um den Verstorbenen auf der »nächsten Ebene« zu erreichen und als Wertschätzung ihm gegenüber.

Heute ist mir bewusst, dass der Großteil meiner Arbeit für die Hinterbliebenen gedacht ist, für diejenigen, die mit der Verlustsituation fertig werden müssen, die mit Schmerz, Trauer, Angst und Einsamkeit zu kämpfen haben.

Ich habe erfahren dürfen, dass meine Arbeit, meine Malerei, dem Schmerz bei einer Verabschiedung ein wenig von seiner Schärfe nimmt. Mehr noch: Meistens bringen die Schreine die Menschen selbst in solch einer schwierigen Situation zum Lächeln.

Und dieses Lächeln, so mein Wunsch, möge in der Erinnerung der Hinterbliebenen bleiben.

ABSCHIED

Auf dem Hauptbahnhof einer Großstadt:

Ein geliebter Mensch verlässt uns, fährt fort. Wir begleiten ihn zum Bahnhof. Graue Wolken, regnerisches Wetter, kalter Wind peitscht uns ins Gesicht.

Man möchte vielleicht noch etwas sagen, aber der Abschiedsschmerz, gepaart mit den äußeren Widrigkeiten, verhindert es – die Worte bleiben im Hals stecken. Man zieht die Schultern hoch, eine kurze, feste Umarmung Es ist überstanden, aber Wichtiges blieb möglicherweise unausgesprochen.

Die gleiche Situation in einer anderen Stadt:

Es heißt wieder Abschied nehmen. Auch diese Trennung ist verbunden mit großem Schmerz.

Doch die Sonne scheint, ein lauer Wind weht und trägt den Duft von Flieder mit sich. Gut gelaunte Menschen sitzen in den Cafés, eine singende Amsel bringt ein Ständchen dar und aus der gegenüberliegenden Bäckerei weht der Duft von frischem Brot herüber.

Auch hier fällt das Sprechen vielleicht schwerer als sonst, aber dadurch, dass das Äußere in Harmonie ist, sind wir entspannter. Es fällt uns leichter, die passenden Abschiedsworte zu finden. Und selbst, wenn uns auch in diesem Abschiedsmoment die Worte vor Kummer im Hals stecken bleiben und ungesagt in uns weiterleben sollten, so bleiben uns zumindest der Duft des frischen Brotes und das Lied der Amsel als schöne Erinnerungen erhalten. Viel später dann, wenn der Schmerz schon etwas verblasst ist, wird uns jede singende Amsel an diesen ganz bestimmten Abschied erinnern. Trotzdem wird es uns wahrscheinlich leichter fallen, diese Trennung zu akzeptieren als die mit der Erinnerung an graue Wolken, Wind und verpasste Gelegenheiten, die nicht wiederkommen.

Mit diesem Vergleich möchte ich deutlich machen, wie wichtig es sein kann, sich in einer vorbereiteten Umgebung von einem Verstorbenen zu verabschieden. Ein schönes Fest, ein Lagerfeuer, ein schöner Sarg oder wirkungsvolle Rituale können sowohl für die Stimmung als auch für die Erinnerung sehr hilfreich und wertvoll sein.

DARF MAN DAS?

Die meisten Menschen in Deutschland sind wirklich sehr gut erzogen. Bevor sie etwas tun, fragen sie erst mal vorsichtshalber nach, ob sie das auch dürfen.

Doch meine Erfahrung ist: Wer zu viel fragt, der kommt nicht weiter.

Ich möchte damit nicht sagen, dass Gesetze und Vorschriften in unserem Lande keine Gültigkeit mehr haben sollten. Natürlich sind sie wichtig und zu respektieren, aber manche Vorschriften sind durchaus zu hinterfragen.

Es gibt viele Bereiche, wo nicht klar ist, ob etwas verboten, geduldet oder doch erlaubt ist. Und je nachdem, wen Sie fragen, erhalten Sie völlig unterschiedliche Antworten.

Wenn es um Bestattungen geht oder um meine Schreine, werde ich ständig gefragt: »Darf man denn das?«

Für meine Schreine gibt es keinerlei Vorschriften, außer für die Bemaßung und die Art der verwendeten Farben.

Aber eigentlich geht es den Fragenden oft um etwas anderes, wie zum Beispiel: »Darf ich meinem Verstorbenen seine Lieblingsdecke mitgeben?« oder: »Darf er die Schuhe anbehalten?« oder: »Darf ich Beigaben mit in den Sarg legen?«

Diese Fragen mögen im ersten Moment banal wirken, aber für die fragende Person können sie von immenser Bedeutung sein.

Was glauben Sie: Hätte ich damals, als mein Vater verstorben war, erst den Bestatter fragen sollen, ob ich meinem Vater anstelle von Blumen eine Dose Bratheringe, die er so gerne aß, mit auf die letzte Reise hätte geben dürfen? Dieser Bestatter von damals mit seinen traditionellen Ansichten hätte mir wahrscheinlich erst einmal die Friedhofsverordnung zu lesen gegeben. In weiser Voraussicht habe ich niemandem davon erzählt, handelte es sich doch um eine Sache zwischen meinem Vater und mir. Als wir uns das letzte Mal am offenen Grab versammelten, warfen meine Mutter und wir Geschwister ihm zu Ehren eine Blume hinab auf den Sarg. Als ich an der Reihe war, schepperte es ganz furchtbar, aber keiner hat die Bratheringsdose gesehen, die an der großen Sonnenblume befestigt war. Wir zwei, mein Vater und ich, hatten unseren Spaß. Es war gut für uns beide, da bin ich sicher.

Wenn Sie trotzdem meinen, fragen zu müssen, dann lassen Sie sich nicht gleich von einem »Nein« entmutigen. Dabei gehe ich natürlich davon aus, dass Sie gemäß Ihrem gesunden Menschenverstand handeln und nicht Dinge ins Rollen bringen, die Schäden anrichten könnten oder gar jemanden verletzen würden.

Aber wem schadet schon eine Dose mit Bratheringen im Grab, oder der alte Wanderstock mit all den Abzeichen der erwanderten Ziele darauf? Oder das Strickzeug oder die Lieblingsbücher oder was auch immer? Sie haben nur ein einziges Mal die Möglichkeit dazu, nur dieses eine unwiederbringliche Mal, sich zu verabschieden!

Und denken Sie daran: Es ist Ihre Feier, Ihre und die des Verstorbenen. Und voraussichtlich werden Sie die Erinnerung daran Ihr Leben lang mit sich tragen.

Wollen Sie deshalb nicht besonderen Wert darauf legen, eine wunderschöne und persönliche Verabschiedung zu feiern, damit Sie eine ebenso wunderschöne Erinnerung im Herzen behalten?

Ein sehr bekannter, vor einigen Jahren leider verstorbener Bestatter aus Bergisch Gladbach, der auch ein Vorreiter war und maßgeblich beteiligt an der Umwandlung verhärteter Strukturen, forderte die Menschen diesbezüglich zum »zivilen Ungehorsam« auf.

Dem schließe ich mich unbedingt an. Und das gilt nicht nur für die Seite der Hinterbliebenen, nein, das kann genauso gut für den einen oder anderen Bestatter gelten.

Dazu ein sehr ergreifendes Beispiel:

Ein namhafter Bestatter aus dem benachbarten Ausland, der in seinem Institut auch Tiersärge anbot, hatte eine ältere, alleinstehende Dame vor sich sitzen, die bei ihm einen Vorsorgevertrag abschließen wollte, allerdings unter einer Bedingung:

Sollte sie vor ihrem alten Hund sterben, wollte sie, dass der Hund eingeschläfert und mit in ihren Sarg gebettet würde. Sie wollte mit ihm zusammen eingeäschert werden. Sie hatte bereits mit dem zuständigen Tierarzt gesprochen und ihm das Versprechen abgenommen, in diesem Fall für die Einschläferung ihres Tieres zu sorgen. Der Bestatter erkannte die Dringlichkeit in der Bitte der Dame und konnte es vor sich gut verantworten, einmal nicht nach den Vorschriften zu handeln.

Und so geschah es dann: Frauchen und Hund gingen ihren letzten Weg gemeinsam. Es war zwar gegen die Vorschrift, aber es war sehr menschlich und auch mutig vonseiten des Bestatters.

Wäre seine Abmachung mit der Kundin bekannt geworden, hätte es einen Skandal gegeben und womöglich große geschäftliche Probleme für den Bestatter nach sich gezogen.

Das nenne ich »zivilen Ungehorsam« gepaart mit Menschlichkeit.

NOCH IST ES NICHT SO WEIT!

»Noch ist es nicht so weit!«, hörte ich ein paar junge Mädchen kichern, während sie an mir und meinen »Schmuckkästen« vorbeiliefen.

»Ja, hoffentlich! Und Gott sei Dank!«

Doch wie sicher ist es, dass diese jungen Frauen oder ich selbst nach der Ausstellung, auf der ich mich gerade befand, wirklich lebend wieder daheim ankommen? Weiß ich denn, ob ich den nächsten Kundenauftrag überhaupt noch ausführen werde?

Sicherlich haben Sie Ihr Auto, Ihr Haus und Ihr Tier versichert. Sie haben vorgesorgt für den Fall X. Sicherlich haben Sie auch nicht vor, einen Unfall zu bauen – aber weiß man's?

»Jaaaa, aber das ist doch etwas ganz anderes«, höre ich dann.

Was ist denn anders? Haben Sie die Befürchtung, dass Sie, wenn Sie sich mit ihrem Ableben auseinandersetzen, eher sterben werden?

Lassen Sie sich von mir versichern: Beim Betrachten meiner Schreine ist noch niemand gestorben. Aber Informationen zum Thema können sehr hilfreich sein, aus verschiedenen Gründen.

Zum einen hilft die Auseinandersetzung mit dem Thema, die Angst vor dem Tod, falls vorhanden, zu verringern oder sogar zu verlieren.

Zum anderen, und dieser Punkt ist eher grobstofflicher Natur, aber ebenfalls sehr wichtig, geht es um Kosteneinsparung. Ja, wirklich!

Auch wenn Sie wahrscheinlich denken: »Der Typ, der spinnt ja! Der redet von Kosteneinsparung und will uns dann einen Designersarg aufschwatzen.«

Und doch ist es so. Ich beziehe diese Gedanken gar nicht ausschließlich auf mich und meine Arbeit. Ich meine vielmehr, dass es wichtig und vorteilhaft sein kann, sich im Vorfeld zu informieren, welche Möglichkeiten Sie in der Situation als Hinterbliebene haben. Die Frage, ob sich die bei einer Bestattung entstehenden Kosten minimieren lassen, finde ich durchaus berechtigt. Wie oft höre ich Klagelieder über die Bestatterrechnungen. Aber alles, was Sie in Auftrag geben, sollte angemessen entgolten werden, denn Sie arbeiten doch auch nicht umsonst, oder?

Deshalb möchte ich Sie jetzt fragen: Haben Sie sich, als Ihre Großmutter noch lebte, aber schon krank war, bei unterschiedlichen Bestattern erkundigt und Preise verglichen? Oder haben Sie schon einmal darüber nachgedacht, einen Teil der in Auftrag gegebenen Dinge selber zu erledigen? Zum Beispiel, die Verstorbene selbst zu waschen und anzukleiden?

Oder den Sarg selbst auszustatten und zu befüllen, vielleicht mit Heu? Oder den Blumenschmuck mit Blumen aus dem eigenen Garten selbst zu binden?

Zugegeben, es klingt etwas ungewöhnlich, aber es gibt Menschen, die das tun, auch um die Gesamtkosten zu verringern. Es ist eine Sache der Verhandlung. Zudem können es wichtige Schritte in der Trauerbewältigung sein. Ich habe ein junges Paar kennengelernt, das nach dem Tod der Mutter/Schwiegermutter fast alles, was ihm möglich war, selbst in die Hand genommen hat, und das nicht nur, um Geld zu sparen.

Nicht alles ist selber machbar, einiges muss der Bestatter erledigen, so zum Beispiel den Transport eines Sargs mit Leichnam von einem Ort zum anderen. Man muss dazu im Besitz eines entsprechend zugelassenen Fahrzeugs sein. Ausnahme: Innerhalb einer geschlossenen Ortschaft dürfen Sie den Verstorbenen mit ihrem privaten Fahrzeug transportieren. Über die Ortsgrenze hinaus ist der Bestatter auf jeden Fall zuständig. Bei einer Urne ist die Bestimmung sogar noch merkwürdiger: Eine Urne darf zwar mit der Post versandt werden, aber Sie als Hinterbliebener dürfen sie nicht so ohne weiteres mit ihrem PKW transportieren.

Mein Rat: Sprechen Sie ganz offen mit Ihrem Bestatter. Ein gutes Gespräch kann Türen öffnen, von denen man bisher nicht wusste, dass es sie gibt. Und ansonsten: Sie sind an keinen Bestatter gebunden. Wenn Sie mit Bestatter A nicht zurechtkommen, dürfen Sie Bestatter B ansprechen. Es ist vergleichbar mit der Wahl einer Autowerkstatt.

Ein guter Bestatter rechnet jede Tätigkeit ab, um die er gebeten wird. Nehmen Sie etwas davon selbst in die Hand, wird dies in Abzug gebracht. Doch lassen Sie sich nicht täuschen von dem scheinbar leicht eingesparten Geld! Unterschätzen Sie den Aufwand nicht, wenn Sie eine bestimmte Tätigkeit noch nie vorher gemacht haben. Manch ein Kunde hat schon vom Standesamt aus seinen Bestatter angerufen und ihn gebeten, doch die Amtsgänge für ihn zu erledigen, weil er selber stundenlang warten musste und auch noch Unterlagen fehlten.

Oder wenn man die verstorbene Mutter selbst herrichten und einkleiden will, muss man dies auch wirklich wollen und können.

Es ist etwas ganz anderes, einer lebenden Person beim Ankleiden zu helfen, als einem toten Menschen ein frisches Hemd anzuziehen. Wird dann doch die Hilfe des Bestatters angenommen, dann berechnet er ein entsprechendes Honorar.

Mir geht es an dieser Stelle um Information, und diese kann in der akuten Situation sehr hilfreich sein. Deshalb ist es sinnvoll, rechtzeitig, am besten im Vorfeld, Gespräche zu führen oder sich Infomaterial zu beschaffen.

Über das Prozedere im Sterbefall Bescheid zu wissen kann auch sehr nützlich für unsere Mitmenschen sein. Wir leben normalerweise in einer Gemeinschaft aus Familie, Freunden, Nachbarn, Kameraden. Angenommen, im Umfeld passiert ein tragischer Unfall oder jemand stirbt völlig unerwartet. Manche Betroffenen wären in ihrer Not und ihrem Schmerz sicher sehr dankbar, wenn da jemand sagen könnte: »Du, ich habe da eine Adresse von einem guten Pfarrer, Bestatter, Grabredner, Sargmaler ...«

Wenn Sie dieses Thema nicht scheuen und sich damit beschäftigen, können Sie im Ernstfall anderen eine große Hilfe sein.

MALEN NACH WUNSCH

In den großen Schaufenstern meiner Galerie steht immer einer meiner bemalten Schreine, von denen ich meist vier bis fünf unterschiedliche Modelle ausgeschlagen und verpackt für einen sofortigen Einsatz bereithalte. Meistens aber fertige ich Schreine auf Bestellung an.

Es gibt viele Menschen, die sich sehr intensiv mit dem Thema Tod auseinandersetzen und den passenden Sarg für sich oder einen lieben Menschen nach ihren Wünschen in Auftrag geben.

Habe ich die Möglichkeit, jemanden persönlich kennenzulernen und individuell für ihn zu arbeiten, »passt« solch ein Sarg wie ein maßgeschneiderter Anzug.

Oft genügt es mir auch, telefonisch mit der Person in Kontakt zu treten und den Klang der Stimme zu hören, um gezielt arbeiten zu können.

Meine Lieblingsthemen sind Pflanzen, Blumen und Schmetterlinge – Freudlinge, wie ich sie nenne. Weil ich ursprünglich aus dem Bereich der Wandmalerei komme, bin ich auch in der Kunst der Kalligrafie und der Textgestaltung erfahren. In den letzten Jahren fiel mir immer stärker auf, dass der Unterschied zwischen der Gestaltung eines Wohnraumes und der Bemalung eines Schreines gar nicht so groß ist.

So hatte ich zum Beispiel einen Kunden, der eine Wand im gemeinsamen Schlafzimmer als Geschenk an seine Frau zur Silberhochzeit mit einem selbstverfassten Liebesgedicht gestalten ließ. Ein wirklich wunderbares, intimes Geschenk.

Ein anderer Mann ließ das Lieblingsgedicht seiner verstorbenen Frau auf ihren Sarg schreiben. Ein ganz besonderer letzter Gruß.

Manche Wünsche sind wirklich speziell und persönlich. So wollte ein Kunde seinen Lebenslauf auf seinem Schrein dargestellt sehen: wo er geboren wurde, der Ort, in dem er aufwuchs, was ihm im Leben besonders wichtig war, seine Frau, seine Kinder. Ich fand diese Idee sehr ansprechend. Es wurde ein ausgefallener und sehr anspruchsvoller Schrein, der mir beim Malen viel Freude gemacht hat. Er steht nun gut verpackt im Keller des Kunden.

Einer meiner ersten Schreine war für die betagte Mutter einer Dame bestimmt, die mich im Atelier aufsuchte, um sich mit mir über das passende Motiv abzustimmen. Sie erzählte mir lächelnd, dass die Mutter wenig Zeit für die Kinder gehabt habe, weil sie lieber draußen bei ihren Blumen gewesen sei. Ich bat sie, mir alle Blumenarten zu nennen, die im Garten der Mutter gewachsen waren. Diese Blumen habe ich dann als Grundlage verwendet. Die Mutter hatte zudem eine weitere Eigenart. Sie trug ihr Leben lang als Schmuck nur Amethyste. Das waren genügend Informationen für mich. Ich malte für sie einen »Sommergarten-Schrein« mit all »ihren« Gartenblumen und wählte die Farbe des Amethysts als Untergrundfarbe. Zudem klebte ich noch ein paar echte Amethyste in die Flügel des gemalten Tagpfauenauges, einer häufig vorkommenden Falterart. So persönlich und maßgeschneidert kann ein Sarg aussehen.

Eine weitere Anfertigung, an die ich mich lebhaft erinnere, war für eine Mutter von vier erwachsenen Kindern gedacht. Die Sonnenblume wurde als Motiv ausgewählt. In unserem großen Garten pflanzte meine damalige Frau jedes Jahr ihre großen Sonnenblumen, die seitwärts, neben der Hauptblüte, mehrere kleine Blüten trieben. Die Blütenanhäufung nannte sie liebevoll »Mutter mit Kindern«. Mit diesem Gedanken malte ich für die vier hinterbliebenen Kinder die Mutterblüte mit vier Seitentrieben.

Für Urnen gilt natürlich das Gleiche. Auch sie können sehr individuell gestaltet werden. So sandte mir eine Bekannte ein Foto ihres gerade verstorbenen Vaters zu, der darauf bei seiner Lieblingsbeschäftigung, dem Segeln auf dem Bodensee, zu sehen war. Mit diesem Motiv verzierte ich die Urne. Und am Boden der Urne stand sein Abschiedsgruß geschrieben: »Tschüss«. Es war seine Eigenart, sich so zu verabschieden.

Eine Idee, die ich gerne zur Nachahmung empfehle, ist die von Frau S. aus Nürnberg. Sie bestellte eine »Nordsee-Urne« bei mir. Frau S. stammt gebürtig von der Küste, und die Dünen und die Leuchttürme sind immer noch »in ihrem Blut«, obwohl sie schon seit mehr als zwanzig Jahren in Franken wohnt. Sie hat sich für ihre Urne auch schon einen festen Platz auf einem kleinen Friedhof am Meer, direkt hinter einer Düne, reservieren lassen. Frau S. scheute den weiten Weg ins Allgäu nicht, um mich persönlich kennenzulernen und ihre Wunschurne in Auftrag zu geben. Anhand der von ihr gelieferten Aufnahmen habe ich ihren Wünschen entsprochen.

Nun steht sie bei ihr zu Hause und wird, bis zu ihrer eigentlichen Bestimmung, als Keksdose verwendet. Toll, oder? Das ist

Leben! Hier bewahrheitet sich das Sprichwort: Tod und Leben sind die zwei Seiten derselben Medaille.

Auch die Schreine lassen sich wie normale Alltagsgegenstände nutzen. Frau J. hat ihren Sarg im Wohnzimmer neben dem Fernsehsessel stehen. Er dient als Ablage und eine Serviette unter der Kaffeetasse sorgt dafür, dass der Schrein keine Kaffeeflecken bekommt.

Wem das zu eindeutig ist, für den wäre ein bemalter Schranksarg eine Alternative. Er kann wie ein schlichter Besenschrank oder geöffnet wie ein Schmuckregal aussehen. Als Truhe kann er auch auf dem Speicher zur Aufbewahrung von Winterpullovern oder Bettwäsche dienen.

Ein Sarg ist ja zunächst nichts anderes als eine bemalte Holzkiste.

Zum Schrein, zu einem sakralen Gefäß, wird er erst, wenn ein Verstorbener darin ruht. Das ist so abwegig nicht und auch nichts Neues. In den alten Bauernhäusern oben in den Bergen hatte man in der Stube einen großen Esstisch mit einer Eckbank. Diese Eckbank war zum Aufklappen, um darin Dinge aufzubewahren. Ein Teil dieser Eckbank war aber auch so gebaut, dass man ihn als Sarg nutzen konnte. Früher war es manchmal aufgrund der Wetterverhältnisse gerade im Winter nicht möglich, einen Toten gleich ins Dorf und das heißt zum Friedhof an der Kirche zu bringen. Außerdem war es üblich, ihn zu Hause aufzubahren. Und dafür hatte man den Sarg schon in der Stube.

Eine Frage, die mir immer wieder gestellt wird, lautet: »Malen Sie alles, was sich die Leute wünschen?« Die Antwort ist: »Nein!«

Ich versuche natürlich, den Wünschen meiner Auftraggeber,

so gut es geht, zu entsprechen, aber letztendlich male ich nur das, was mir gefällt und was ich vor mir selbst vertreten kann.

Das soll nicht heißen, dass ich einen »Snickers-Sarg« oder einen »FC Bayern-Sarg« verurteile. Nein, wer diesen braucht und wirklich haben möchte, soll ihn auch bekommen. Aber ihn zu malen, das überlasse ich anderen Künstlern. Ich selber kann mich mit einem solchen Auftrag nicht identifizieren und ihn somit auch nicht mit einem guten Gefühl ausführen.

DAS IST DOCH WAS FÜR JUNGE LEUTE!

Ganz und gar nicht! Es ist eher die Ausnahme, dass junge Menschen zu mir kommen. Meine Kunden sind durchschnittlich vierzig bis sechzig Jahre alt und älter. In jungen Jahren ist der Fokus der Menschen nicht auf die Endlichkeit gerichtet. Da stehen das Leben, die Familie und der Aufbau der Karriere im Vordergrund. Natürlich gibt es Ausnahmen, doch fängt man normalerweise erst mit vierzig oder fünfzig Jahren an, sich mit der eigenen Sterblichkeit auseinanderzusetzen. Ab diesem Alter beginnt sich der enge Kreis der Familie, der Freunde und Arbeitskollegen langsam zu lichten. Noch trifft die Vergänglichkeit die anderen, meint man, aber so sehr weit scheint sie dann doch nicht von einem selbst entfernt zu sein.

Ich kann mich noch sehr gut daran erinnern, als ich im Alter von etwa achtzehn Jahren zum ersten Mal mit dem Tod konfrontiert wurde:

Peter, ein junger Mann aus unserer Clique, hatte sich erhängt. Ich war schockiert, verzweifelt, wollte schreien, brüllen, heulen. Seine Beerdigung war für mich kaum zu ertragen. Dann kam aus meiner damaligen Sicht das Allerschlimmste: Nach der Beerdigung gingen alle zusammen ins Wirtshaus zum Leichenschmaus. Ich war vollkommen außer mir!

»Ja, spinnen die denn?«, dachte ich. »Da ist gerade jemand beerdigt worden, aus und weg, tot! Und die Bagage denkt nur daran, sich den Bauch vollzuschlagen, und ans nächste Bier.« Ich war nicht zu beruhigen. Viele Jahre war ich in meiner Meinung gefangen und außerordentlich erbost über diesen »makabren« Brauch.

Weil ich zu jung war. Ich verstand ihn damals nicht und er erschreckte und verletzte mich zutiefst. Ich wäre am liebsten weggelaufen, hätte gerne etwas zertrümmert oder jemanden verprügelt. Gott sei Dank kam es nicht dazu.

Erst viel später begriff ich, wie wichtig es für die Betroffenen ist, nachdem man jemanden zu Grabe getragen hat, zusammenzusitzen, etwas zu essen, zu trinken und sich wieder dem Leben zuzuwenden. Wir müssen – dürfen? – weiterleben und wieder langsam in den Alltag zurückfinden.

Zu dem tragischen Geschehen vor rund sechsundvierzig Jahren fällt mit noch etwas ein, das sich tief in meiner Erinnerung eingegraben hat. In der Zeitungsanzeige für Peter stand der Satz: »Wer ihn kannte, der weiß, was wir verloren haben.«

Wir haben was verloren! Der eigene Schmerz, der eigene Verlust stehen an erster Stelle, werden in den Vordergrund gerückt! Ich sage nicht, dass man über seinen Schmerz nicht sprechen darf, ihn nicht leben soll. Ganz im Gegenteil, ansonsten erkranken wir wahrscheinlich daran. Aber alles zu seiner Zeit.

Wenn jemand verstorben ist, sollte alle Aufmerksamkeit und Zuwendung dieser Person gelten. Der Verstorbene braucht unsere Begleitung.

Ich spreche hier von den ersten drei Tagen nach dem Tod. Nicht grundlos ließ man früher einen Verstorbenen drei Tage aufgebahrt zu Hause liegen: Erstens, damit sich die Menschen von ihm verabschieden konnten, und zweitens, damit sich die Seele vom Körper lösen konnte.

Ich glaube, dass es ähnlich ist wie bei der Geburt. Bei der Geburt ist das Kind noch durch die Nabelschnur mit dem Mutterleib verbunden, beim Sterben ist die Seele mit dem Körper verbunden und löst sich in diesen drei Tagen davon. In dieser Zeit sollte unsere Aufmerksamkeit auf den gerichtet sein, der gegangen ist, und nicht auf unseren eigenen Schmerz und darauf, was *wir* verloren haben. Warum hatte Peter keinen Ausweg mehr gewusst? Was hatte *er* verloren, dass das Leben für ihn nicht mehr auszuhalten war?

Diese Fragen bewegen mich heute noch.

Ein Ehepaar aus Innsbruck, beide kannten meinen Sargladen und waren von meinen Schreinen begeistert. Dann starb der Mann bei einem Bergunfall. Für seine Frau war es ganz klar, dass sie für ihren Gatten einen Schrein mit Alpenblumen haben wollte.

Doch sie hatte nicht mit der Reaktion ihres noch nicht volljährigen Sohnes gerechnet. Der explodierte bei der Idee, seinen Vater in so einer »scheißlustigen Kiste mit rosa Blümchen und Schmetterlingen« zu wissen. Es war unmöglich, ihn umzustimmen.

Ich konnte ihn gut verstehen. Meine Wutausbrüche zum Thema Leichenschmaus kamen aus der gleichen Emotion. Da hilft nur die Zeit. Je älter die Menschen sind, die zu mir in den Sargladen kommen, desto offener, bunter und amüsanter können die Gespräche sein. Die Angst vor dem Tod steht oft nicht mehr so sehr im Vordergrund.

Ich habe schon bei solchen Unterhaltungen mit Kunden herzlich gelacht und gescherzt ... und ich habe Gespräche geführt, die sehr tief berührten.

So hatte ich mit einer Dame aus Memmingen, die mich ganz zu Beginn in meinem neu eröffneten Laden besuchte, bis zu ihrem Tod im Februar 2018 ein freundschaftliches Verhältnis. Sie hatte damals schon ihren Sarg bestellt und wir unterhielten uns ganz offen über den Tod und das Sterben. Wir verabredeten, dass derjenige von uns beiden, der zuerst »drüben« ankäme, dem anderen ein Zeichen senden würde. Da sie sehr krank war und unter grausamen Schmerzen litt, sprach sie sehr offen mit mir über ihre Absicht, sich das Leben zu nehmen, wenn ihre Schmerzen stärker würden.

»Aber«, so fügte sie hinzu, »ich sage Ihnen rechtzeitig Bescheid, bevor ich gehe.«

Zum Freitod kam es dann doch nicht. Sie musste noch eine ganze Weile mit ihren stärker werdenden Schmerzen leben, bevor sie an Organversagen sterben konnte.

Ich dachte lange darüber nach. Was würde ich in diesem Fall tun? Ich hätte ihre Entscheidung auf jeden Fall verstanden. Ich bin zwar noch vergleichsweise jung und gesund, habe tolle, gesunde Kinder und alles, was ich mir wünsche. Und doch kenne auch ich Momente im Leben, in denen alles über mir zusammenzubrechen scheint und nur noch eine Frage im Raum steht:

»Will ich noch, kann ich noch?«

Ängstigt euch nicht vor dem Tod,
denn seine Bitterkeit liegt in der Furcht vor ihm.

Sokrates

DER TOD IST GRÜN

Wie Ihnen, liebe Leserin, lieber Leser, wahrscheinlich bekannt ist, wirken sich Farben auf unseren Organismus und unser Wohlbefinden aus. Farbe kann anregend wirken, beruhigend oder erheiternd. Mit Farbe kann man erdrückende Enge suggerieren, aber ebenso endlose Weite.

Farben haben auch einen symbolischen Charakter. Bei Rot denken die meisten an Liebe, bei Weiß an Reinheit und Schwarz wird der Trauer zugeschrieben. Grün steht für die Hoffnung und den Frühling.

In unserer Kultur gilt Schwarz auch als die Farbe des Todes. Um in mich zu gehen, mich zurückzuziehen, ist Schwarz bestens geeignet. Aber da geht es in erster Linie um *mich.* Das ist auch unbestritten sehr wichtig, aber erst, nachdem ich den Verstorbenen auf seinem letzten Weg begleitet habe.

Deshalb sehe ich die Farbe Schwarz als Ausdruck des Trauerns an, während Grün für mich die passende Farbe für den Tod ist. Grün steht für die Hoffnung, den Frühling und den Neubeginn.

Ich bin der Meinung, dass es Aufgabe der Hinterbliebenen ist, einen Verstorbenen so gut wie möglich während der drei Tage zu begleiten, die die Seele braucht, um sich nach dem Tod vom Körper zu lösen. Und in diesem Prozess geht es um den Verstorbenen, nicht um die Lebenden und ihren Schmerz. Es ist zwar nur allzu verständlich, dass sie trauern, weil sie einen geliebten Menschen oder auch ein Tier verloren haben; doch wäre es wünschenswert, den eigenen Schmerz so lange beiseite zu schieben, bis die Zeit dafür gekommen ist.

Denn für denjenigen, der gerade aus dem leiblich gebundenen, irdischen Dasein gegangen ist, fängt etwas Neues an. Und wir können ihn in dieser Zeit unterstützen, um auf seinem neuen Weg voranzukommen z.B. mit Gebeten, liebevollen Gedanken, Kräuterräucherungen oder eigenen, persönlichen Ritualen, die die Aussage »Du darfst gehen, es ist alles gut!« beinhalten sollten.

Gedanken wie »Ich kann ohne dich nicht sein!« erschweren der Seele die Loslösung von dieser Welt.

Wer das als Angehöriger für sich akzeptieren kann, für den ist es auch nachvollziehbar, dass die Farbe des Todes grün ist. Grün symbolisiert den Frühling, den Neuanfang nach der Winterstarre, die Hoffnung und die Zuversicht. Somit ist es meiner Auffassung nach passender und hilfreicher, während dieser Zeit der Wegbegleitung selbst grün zu tragen und den Verstorbenen mit möglichst viel Grünem zu umgeben.

Es gibt eine Kraft aus der Ewigkeit,
und diese Kraft ist grün.
Aus lichtem Grün sind Himmel und Erde geschaffen
und alle Schönheit dieser Welt.

Hildegard von Bingen

Ich trage eine Vision in mir. In dieser Vision sehe ich ein »grün denkendes« Bestattungsunternehmen mit grünen Autos und grün gekleidetem Personal. Die Räumlichkeiten sind liebevoll in lebendigen, hellen Gelb- und Grüntönen gehalten, vielleicht ergänzt durch die Stimmen von echten, singenden Kanarienvögeln. Kann ich doch aus Erfahrung sagen, wie positiv die gefiederten Sänger die Atmosphäre in meinen Ausstellungsräumen beeinflussen.

Ansatzweise wird meine Vision schon umgesetzt: An ein Institut in Franken lieferte ich einen Schrein und freute mich sehr zu sehen, dass dort grüne Krawatten und Halstücher getragen wurden.

Das Bestattungsunternehmen in Wiesbaden, in dem vor Jahren mit der Gestaltung der Verabschiedungsräume für mich alles seinen Anfang nahm, hat übrigens nicht nur den goldenen Schmetterling, der für den Kreislauf des Lebens steht, ins Firmenlogo übernommen. Die Angestellten tragen inzwischen grüne Hemden zum (noch) schwarzen Anzug und fahren den ersten, grünen Bestattungswagen.

Alles braucht seine Zeit.

Grün als die Farbe des Todes und der Reburt, der Wiedergeburt. Der Reburt in die Dimension, aus der wir stammen und zu der wir Lebenden keinen Zugang haben. Ich finde ohnehin, dass Sterben und Geborenwerden sehr ähnliche Vorgänge sind. Es kommt darauf an, aus welcher Perspektive man sie betrachtet. Man könnte auch sagen, dass die Geburt an sich schon ein Sterben ist. Da sehen wir es ganz besonders deutlich und klar. Wir verbringen unser – bis dahin – »ganzes Leben« im Bauch der Mutter. Es ist unsere eigene Welt, in der wir uns sicher und geborgen fühlen, weil wir nichts anderes kennen.

Dazu fand ich eine wunderschöne und anschauliche Geschichte – den Dialog der Zwillinge im Mutterleib:

Ein Zwillingspärchen unterhält sich im Bauch der Mutter:

»Sag' mal, glaubst du eigentlich an ein Leben nach der Geburt?«, fragt der eine Zwilling.

»Ja, auf jeden Fall! Hier drinnen wachsen wir und werden für das, was draußen kommen wird, vorbereitet«, antwortet der andere Zwilling.

»Ich glaube, das ist Blödsinn!«, sagt der Erste. »Es kann kein Leben nach der Geburt geben – wie sollte das denn bitte schön aussehen?«

»So ganz weiß ich das auch nicht. Aber es wird sicher viel heller als hier sein. Und vielleicht werden wir herumlaufen und mit dem Mund essen?«

»So einen Unsinn habe ich ja noch nie gehört! Mit dem Mund essen, was für eine verrückte Idee. Es gibt doch die Nabelschnur, die uns ernährt. Und wie willst du herumlaufen? Dafür ist die Nabelschnur viel zu kurz.«

»Doch, es geht bestimmt. Es wird eben alles nur ein bisschen anders.«

»Du spinnst! Es ist noch nie einer zurückgekommen nach der Geburt. Mit der Geburt ist das Leben zu Ende, Punktum.«

»Ich gebe ja zu, dass keiner weiß, wie das Leben nach der Geburt aussehen wird. Aber ich weiß, dass wir dann unsere Mutter sehen werden, und sie wird für uns sorgen.«

»Mutter???? Du glaubst doch wohl nicht an eine Mutter? Wo ist sie denn bitte?«

»Na hier – überall um uns herum. Wir sind und leben in ihr und durch sie. Ohne sie könnten wir gar nicht sein!«

»Quatsch! Von einer Mutter habe ich noch nie etwas bemerkt, also gibt es sie auch nicht.«

»Doch, manchmal, wenn wir ganz still sind,
kannst du sie singen hören.
Oder spüren,
wenn sie unsere Welt streichelt.« …

Henri J. M. Nouwen*

… und dann kommt der Moment der Geburt. Der Druck der Wehen, die Schmerzen. Die Schreie der Mutter versetzen das Kind natürlich ebenfalls in Angst und Panik. Es weiß ja nicht, was gerade passiert. Es weiß ja nicht, dass es durch einen Engpass hindurch muss, um zu leben.

Das Kind kann auch nicht wissen, dass »da draußen« schon Menschen warten und sich auf sein Kommen freuen, dass »die da draußen« es herbeisehnen!

Dazu eine kurze Begebenheit aus meiner Galerie:

Eine Dame mittleren Alters stand in meiner Ausstellung vor dem »Alpenblumenschrein« und erzählte mir mit einem glücklichen Lächeln vom Tod ihrer Schwiegermutter. Diese war sich sehr bewusst gewesen, dass ihr Ende nahe bevorstand. Kurz vorher war sie noch absolut klar im Geist und konnte sprechen und antworten. Ihr Sohn und seine Frau, nämliche Dame in meiner Ausstellung, verbrachten eine Weile am Bett der Sterbenden und merkten, dass diese zeitweilig wie abwesend wirkte und dann wieder bei vollem Bewusstsein auf Fragen reagierte.

Nach geraumer Zeit, in der diese Zustände wechselten, fragte die Schwiegertochter die sterbende Frau ganz offen und direkt: »Ist dein Mann schon da? Erwartet er dich?« Die Augen der alten Frau erstrahlten. Sie lächelte übers ganze Gesicht und antwortete deutlich vernehmbar: »Ja, er wartet schon.«

Solche Berichte habe ich bereits Dutzende Male gehört. Es fällt auf, dass viele, die im Begriff sind zu gehen, es mit einem Lächeln tun.

Gibt es eigentlich Kinder, die lächelnd geboren werden? Davon habe ich noch nie gehört.

Bei der Geburt meiner Kinder war es sicherlich nicht der Fall – definitiv auch nicht bei mir. Lächeln konnte ich erst wieder am darauffolgenden Tag, als ich »verdaut« hatte, dass ein kleiner Mensch mit meiner Beteiligung ins Dasein gekommen war. Obwohl ja nicht ich, sondern meine Frau unsere Kinder geboren hat. Geburt: Ein Kind wird erwartet! Und dann, meist nach sehr großer Anstrengung, hat es den engen Weg nach außen endlich geschafft. Zwar ist es immer noch durch die Nabelschnur mit der Welt, aus der es gerade kam, verbunden. Aber nach kurzer Zeit wird diese Verbindung zu seinem bisherigen Kosmos getrennt.

Ist das Durchtrennen der Nabelschnur nicht gleichzusetzen mit dem alten Wissen unserer Vorfahren, die der Seele eines Verstorbenen drei Tage Zeit gaben, sich vom physischen Körper zu lösen, von ihrem bisherigen »Zuhause«? Dazu noch ein für mich passender Vergleich: Gehen wir gedanklich noch einmal den gesamten Vorgang der oben geschilderten Geburt durch: die Wehen, die Schreie, die Panik und dann endlich: Es ist da, unser Kind ist da!! Das Handy wird gezückt, die ersten Schnappschüsse werden gemacht, Freunde werden angerufen, Party ist angesagt: Unser Kind ist da! In überschwänglicher Freude stürmen alle in die nächste Bar, um die Ankunft des Nachwuchses zu feiern. Wie viele Kinder würden überleben, wenn alle, die bei der Geburt anwesend waren, so reagieren würden? Wie viele Mütter?

Muss es nicht im Vordergrund stehen, weil lebensnotwendig, zuerst das Kind und die Mutter zu versorgen? Den Hautkontakt herzustellen und dann das Kind abzunabeln und zu säubern?

Diese Handlungen müssen vorgenommen werden, bevor das Elternglück gefeiert werden kann.

Beim Sterben wünsche ich mir einen ähnlichen Ablauf. Nicht gleich den Bestatter anrufen, sobald jemand verstorben ist. Nein, ich wünsche mir, dass die Menschen den Mut haben, sich in dieser Situation Zeit zu lassen, z.B. gute Musik auflegen, Kerzen entzünden, ein Glas Wein einschenken und einfach nur da sein, um in Gedanken mit dem, der gerade gegangen ist, noch verbunden zu sein.

Die Ähnlichkeit zur Geburt ist doch deutlich zu sehen, meine ich. Nicht nur die Mutter und das Kind, auch der Verstorbene brauchen unsere Hilfe und Begleitung.

Wie erwähnt haben die Generationen vor uns den Toten drei Tage Zeit zur Ablösung der Seele vom Körper gewährt. Dies war auch für Familie und Freunde sehr wichtig. Während der Aufbahrung konnten sie sich in Ruhe verabschieden und versuchen, den Tod zu begreifen. Man war mit dem Verstorbenen noch physisch durch die Aufbahrung und geistig durch das Gebet, das Sprechen des Rosenkranzes, verbunden.

Ich durfte auch schon an Verabschiedungen teilnehmen, für die Räume speziell vorbereitet und festlich geschmückt worden waren. Dort durften Kerzen drei Tage lang ununterbrochen brennen und ätherische Öle und Kräuter ihren Duft verströmen. Menschen gingen rund um die Uhr ein und aus – und begleiteten den Toten auf seinem Weg.

Hier ließe sich auch die Farbe Grün als Zeichen des Neubeginns einsetzen: eine grüne Zudecke oder die Wahl grüner Kleidung für den Verstorbenen. Auch die Trauernden sollten Grün tragen. Grün gibt Kraft und Energie für die Lebenden und die Toten.

Ich selbst wünsche mir für diese Zeit des Wechselns von einer Welt in die andere nicht nur die Farbe Grün um mich herum, sondern auch »Die Vier Jahreszeiten« von Vivaldi zu hören.

Wenn die »Abnabelungszeit« von ungefähr drei Tagen, in denen die Möglichkeit zum Verabschieden, zum Loslassen besteht, vergangen ist, kommt der Moment, in dem sich die Angehörigen sich selbst zuwenden können. Dann beginnt die Zeit zum Trauern, Klagen, Schreien, Weinen und – wem es hilft – der schwarzen Kleidung.

Sehr interessant finde ich die Ansätze aus der anthroposophischen Weltanschauung. Rudolf Steiner hat sich intensiv damit auseinandergesetzt, wie Verstorbene zu begleiten seien.

Dazu eine Stelle aus einem Brief vom 31.12.1905, den er an eine Frau schrieb, deren Mann gerade verstorben war:

»Es ist beim Übertritte eines uns lieben Menschen in die anderen Welten ganz besonders wichtig, dass wir unsere Gedanken und Gefühle zu ihm senden, ohne dass wir die Vorstellung aufkommen lassen, als wollten wir ihn zurückhaben. Dies Letztere erschwert dem Hingegangenen das Dasein in der Sphäre, in die er einzutreten hat. Nicht das Leid, das wir haben, sondern die Liebe, die wir ihm geben, sollen wir in seine Welt senden. Missverstehen Sie mich nicht. Nicht etwa hart sollen wir werden oder gleichgültig, aber es soll uns möglich sein, auf den Toten zu blicken mit dem Gedanken: Meine Liebe begleite dich! Du bist von ihr umgeben. (...) Am besten ist es, Sie schlafen mit dem Gedanken ein: ‚Meine Liebe *sei wie Hüllen, die dich* jetzt *umgeben, kühlend alle* Wärme, *wärmend alle Kälte, opfernd einverwoben. Lebe* liebgetragen, *Licht* beschenkt *nach oben.«*[**]

Für eine mir gut bekannte Frau war es sehr hilfreich, sich nach dem Tod ihres Mannes in Schwarz zu hüllen. Es bot ihr Schutz. Man sollte da ganz nach seinem eigenen Gefühl handeln und sich weniger an oft festgefahrene Traditionen halten. Traditionen sind nicht grundsätzlich falsch. Sie können ein Segen für den sein, der sich von ihnen geborgen und getragen fühlt. Doch manchmal verdunkeln Traditionen wie eine schwere Last das Leben, deshalb kann es hilfreich sein, sie zu überprüfen und für sich neu zu deuten.

Die kulturelle Reife eines Volkes erkennt man daran, wie sie ihre Toten beerdigen.

Charles de Gaulle

Anmerkungen

* Henri J. M. Nouwen, aus: ders., Die Gabe der Vollendung. Mit dem Sterben leben, Freiburg i.Br. 1994, S. 36f.

** Rudolf Steiner, Gesamtausgabe 264: Zur Geschichte und aus den Inhalten der ersten Abteilung der Esoterischen Schule, 1904-1914, Ausgabe 1991, S. 101.

BESTATTER

Als ich 2006 mit dem Bemalen von Särgen begann, war ich begeistert von der Idee, neue Wege zu gehen, Gewohntes zu verändern und Ungewöhnliches anzubieten. Doch ich erwartete nicht im Entferntesten die extrem negative Reaktion seitens vieler Bestatter, die ich erfahren musste.

Die müssten doch in erster Linie daran interessiert sein, ihren Kunden etwas Neues anbieten zu können, dachte ich damals. Weit gefehlt!

»Sei du selber die Veränderung,
die du dir für diese Welt wünschst.«
Mahatma Gandhi

Ich durfte sie kennenlernen, die Bestatter, aber anders, als ich es mir vorgestellt hatte ...

Kurz nach der Kunstausstellung, auf der ich meine bemalten Schreine zum ersten Mal der Öffentlichkeit präsentiert hatte, bot ich in meinen Ausstellungsräumen die erste fachbezogene Veranstaltung mit Särgen, Urnen und Kreuzen an.

Geladen waren Bestattungsunternehmer aus einem Umkreis von etwa 50 Kilometern. Ich schrieb persönliche Einladungen, betrieb einen beachtlichen Aufwand mit der Präsentation meiner Schreine, kümmerte mich um die Verpflegung der zu erwartenden Gäste und freute mich sehr auf den Kontakt und den Austausch mit ihnen. Da ich bis dahin noch keinen der Bestatter persönlich kannte, war ich bei der Auswahl einfach nach dem Verzeichnis im Telefonbuch vorgegangen.

Die Einladungen waren verschickt, der Eröffnungstag war da. Die Getränke standen gekühlt bereit. Kerzen brannten. Eine junge Dame war bestellt, um die Gäste zu bedienen, so dass meine Frau und ich genug Zeit für die Begrüßung und für Gespräche hätten.

Der Tag hat mich sehr ernüchtert. Von über 40 geladenen Gästen kam kein einziger!

Ich erhielt nur einen Anruf: Ein Bestatter aus der Nachbargemeinde entschuldigte sich für sein Fernbleiben, weil ihm etwas dazwischengekommen sei.

Und das war nur der Vorgeschmack. Auf den Bestattungsmessen, an denen ich danach bundesweit teilnahm, erlebte ich wirklich alles. Vom harmlosen »So einen Mist verkaufe ich nicht!« bis hin zu Verleumdungen bei Interessenten. Diesen erklärte man, dass meine Särge nicht zugelassen seien und es damit immer wieder Probleme gäbe. Wer wolle sich denn auf Probleme einlassen, wenn man gerade einen Todesfall verkraften müsse und meist mit all den Dingen, die beim Bestatter zu entscheiden sind, überfordert sei? In dieser Situation sind Menschen sehr leicht zu manipulieren.

Doch die Zeiten haben sich verändert und auch sehr viele Bestatter haben erkannt, dass ein Umbruch stattfindet und nichts bleibt, wie es mal war. Gott sei Dank, denn Stillstand bedeutet Tod. Viele Traditionen und Gewohnheiten, die gestern noch fest zementiert schienen, bröckeln und splittern. Es gilt, sich zu öffnen.

Wer nicht mit der Zeit geht,
muss mit der Zeit gehen.

Spruch von Bernd Stromberg
(Comedy-Fernsehserie »Stromberg«)

Heute, viele Jahre später, kann ich sagen, dass es kaum noch offene Anfeindungen mir gegenüber gibt. Im Gegenteil, ich werde jetzt öfter von den Bestattern »mit ins Boot genommen«, wenn sie einen interessierten Kunden haben. Vielleicht liegt es auch daran, dass in den vergangenen Jahren ein großer Generationswechsel in den Bestattungshäusern stattfand und die neuen Inhaber ein freieres, offeneres Denken an den Tag legen. »Leben und leben lassen« ist die Devise, und die Vernetzung untereinander hat einen höheren Stellenwert bekommen.

Ich habe zunehmend den Eindruck, dass es vielen Bestattern wirklich wichtig ist, würdevolle Beerdigungen anzubieten. Sie machen sich Gedanken, wie sie Verabschiedungen auch mit kleinem Budget seitens des Kunden festlich und liebevoll arrangieren können.

Überall eröffnen alternative Institute, die sich das würdevolle Sterben und Verabschieden auf die Fahnen geschrieben haben.

Ich finde es schön, das zu beobachten! Und ich fühle mich sehr gut dabei und bin auch stolz darauf, an diesem Wandel mit meiner Arbeit mitgewirkt zu haben. Vor ein paar Jahren waren Bestattermessen nur dem Fachpublikum zugänglich, kein »Normalsterblicher« durfte die Messehallen damals betreten. Es war vielleicht auch gut so, denn auf mich wirkten diese Messen erschreckend trostlos und beklemmend.

Die Aussteller schienen damals mindestens genauso tot zu sein wie diejenigen, derentwegen sie dort ihre Waren und Dienstleistungen anboten.

Heute muss ich manchmal darüber lachen, mit welcher Unbefangenheit und mit wie viel Mut ich mich in diese morbide »Höhle« gewagt habe. Und das in einem *maigrünen Anzug!*

Dass sich die Gesellschaft so rasant verändert und die Bürger mehr Aufklärung und Transparenz verlangen, auch in Sachen Bestattung, war noch im Jahr 2009 so nicht abzusehen. Man konnte es erst im darauffolgenden Jahr erkennen, als die erste große und öffentliche Bestattungsmesse in Bremen eröffnet wurde, die »Leben und Tod«.

Da meine Arbeiten schon immer ins Auge fielen und die Besucher anzogen, lud man mich nach Bremen ein, bei dieser ersten Veranstaltung meine Schreine auszustellen.

Es war wirklich eine gelungene Ausstellung und sie hatte enormen Zulauf. Alle lokalen Medien berichteten im großen Stil darüber.

Ganz anders als nur fünf Jahre zuvor bei der Kunstausstellung im Allgäu. Da waren die Verantwortlichen von Zeitung und Fernsehen überfordert, konnten mit meinen »Objekten« nicht umgehen. Die Situation im Bestattungswesen verändert sich schon deshalb schnell, weil das Interesse in der Bevölkerung vorhanden ist. Nur muss jemand den ersten Schritt machen und den Tod heller kleiden, ihm seinen alten, schweren, schwarzen Mantel abnehmen und durch ein schönes, farbenfrohes oder gar grünes Kleid ersetzen.

Oft liefere ich meine Schreine direkt zu meinen Kunden ins Haus. Aber manchmal bringe ich sie auch zu den Instituten. Und was ich da einige Male erleben musste, war haarsträubend!

An einem Montagmorgen kam ich bei einem Bestatter in einer etwa 250 Kilometer entfernten Stadt an. Ich klingelte. Die Tür wurde geöffnet und bevor ich etwas sah, wehte mir der Geruch von Alkohol und Nikotin ins Gesicht. Ein hagerer, deutlich erkennbar nicht mehr nüchterner Mann hatte hier Dienst.

Das konnte doch nicht wahr sein! Ich war empört und überlegte, ob ich meinen Schrein überhaupt abladen oder meinen Kunden direkt anrufen sollte. Ich entschied mich gegen das Telefonat, um die Familie der Verstorbenen nicht noch mehr zu belasten.

Also, Sarg rein in die »Kneipe« und nichts wie weg!

Ein anderer wirklich schockierender Vorfall ereignete sich bei einer Urnenbeisetzung. Die Trauergesellschaft kam aus der Kirche und ging mit der Urne zum vorbereiteten Grab. Ich hatte im Vorfeld darauf hingewiesen, dass das Loch für die Urne etwas weiter sein sollte, weil meine Modelle größer ausfallen als die handelsüblichen. Der Pfarrer segnete die Urne und wollte sie in das ausgehobene Loch versenken, doch ... das Loch war zu klein. Man ließ die Urne stehen und die Witwe rief mich in ihrer Not an. Ich versprach, mich umgehend darum zu kümmern, so dass die Angehörigen nach der Kaffeetafel am dann fertigen Grab zusammenkommen könnten.

Ein Telefonat mit dem Friedhofsamt, rein ins Auto und hin zum Ort des Geschehens. Der Friedhofsangestellte erwartete mich schon mies gelaunt. Wir eilten in Richtung Grab.

»Des koscht aber extra!«, raunzte er mich von der Seite an.

»Ja, kein Thema, aber schnell jetzt!«, sagte ich und dachte bei mir: »He, Typ, die Maße der Urne habe ich telefonisch durchgegeben!«

Aber was soll's, die Hauptsache war doch, dass das Grab vorbereitet war, bevor die Familie wiederkam.

Der etwa vierzigjährige Totengräber räumte die Blumen, die um die Urne herumlagen, zur Seite und auch die Urne selber. Dann grub er mit seinem Spaten die Erde rund um das ausgehobene Loch aus, um es zu vergrößern. Es war helllichter Tag und wir standen mitten auf dem gut einsehbaren Friedhof.

Der Mann nahm die Urne auf und setzt sie in das Loch. Sie ging gerade so hinein. Doch dann verhakte sie sich irgendwie und blieb hängen. Das Loch war immer noch ein bisschen zu klein.

Und dann passierte alles so schnell und überraschend, dass ich nicht fähig war zu reagieren.

Mit seinem großen schwarzen Schuh stampfte der Kerl auf den bemalten Deckel der Urne und »versenkte« sie auf diese Art.

Gott sei Dank war niemand so nah, dass er oder sie hätte sehen können, was hier gerade vor sich ging! Unvorstellbar, wenn die Familie das gesehen hätte!

In meiner Wut, die dieser Mensch nicht nachvollziehen konnte, habe ich mich beim Pfarrer beschwert, doch den schien das Ganze nicht groß zu beeindrucken. Ich drohte mit der Presse, aber der Gottesdiener hatte recht: Am meisten würde ich damit der Familie und dem Verstorbenen schaden. Also, wieder mal die Klappe halten.

Sicherlich reagiere ich in Bezug auf Bestattungen oder auch die Menschen, die daran beteiligt sind, sehr sensibel. Es fällt mir oft auf, dass die Mitarbeiter so gar nicht in das Bild passen, mit welchem sich ein Bestattungsinstitut nach außen präsentiert.

Ist es so schwierig, die passenden Angestellten zu finden, oder ist dieser Berufsstand so wenig anerkannt und geschätzt?

Vielleicht wäre es nötig, dass die Bestatterinnung ihre Mitglieder attraktiver und gesellschaftsfähiger präsentiert? Manche

Handwerker tun das bereits. Sind es nicht sogar die Schreiner oder Zimmerer, die mit einem lockeren Spruch und einem lachenden, gut aussehendem Mann in Arbeitskleidung für ihren Berufsstand werben?

Das Bestattungswesen ist davon nicht so weit entfernt. Ich hoffe, dass sich da bald ein Wandel vollzieht. Vielleicht sollte man in der Ausbildung stärker auf die immense Wichtigkeit dieses Berufes hinweisen. Werden den Auszubildenden auch die spirituellen und mitmenschlichen Aspekte in diesem Tätigkeitsfeld klar vermittelt? Für mich sind Bestatter und Hebammen auf einer Ebene zu sehen. Beide sind Begleiter in den wichtigsten Stunden unseres irdischen Daseins. Die Hebamme empfängt und begleitet die Ankunft eines Menschen in diese Welt, und ein guter Bestatter hilft und unterstützt uns, den Verstorbenen würdevoll und festlich auf seinem letzten Weg dahin zurück, woher wir kamen, zu begleiten.

Ich wünsche mir sehr, dass die Bestatter sich wirklich des Wertes und der Wichtigkeit ihrer Arbeit bewusstwerden. Dass sie begreifen, welche enorm große Hilfe sie für viele Trauernde sein können und wie bedeutsam ihre Aufgabe in unserer Gesellschaft tatsächlich ist.

Inzwischen gibt es immer mehr Quereinsteiger in diesem Beruf. Ich lernte einen von ihnen in der Nähe von Berlin kennen, der mit beeindruckend viel Herzblut sein Institut aufbaute. Er organisierte sehr berührende Trauerfeiern und bot auch im Nachhinein seine Unterstützung an. Er war mit Meditationen, rituellen Feuern, Diskussionsabenden und vielem mehr um die Hinterbliebenen bemüht.

Ich weiß, dass es viel Mut und Kraft erfordert, Menschen in schwierigen Lebensabschnitten zu begleiten und eingefahrene Strukturen zu durchbrechen – aber die Zeit ist da. Jetzt ist dieser bereits erwähnte Umbruch in unserer, seit Generationen nicht mehr veränderten Bestattungskultur deutlich spürbar. Immer mehr Bestatter leisten ihren Anteil an diesem Wandel. Und nicht nur sie, auch all die Trauerredner, Sterbebegleiter, Hospizhelfer befinden sich auf einem neuen, helleren Weg im Umgang mit Tod und Abschied.

Und vielleicht gibt es auch bald das »grüne« Bestattungsunternehmen mit maigrün gekleideten Angestellten, mit maigrünen Fahrzeugen, mit hellen, sonnigen Besprechungsräumen, singenden Kanarienvögeln und Vivaldis »Frühling« als Hintergrundmusik.

Letztens besuchte mich ein junger Bestatter mit seiner Frau. Sie beabsichtigten, gemeinsam ein neues, alternatives Institut in meiner Nähe zu eröffnen, in dem den Hinterbliebenen die Möglichkeit angeboten werden sollte, aktiv an einer Beisetzung mitzuwirken, bis hin zur Gestaltung des Sarges oder der Urne. Inwieweit dieses Angebot tatsächlich genutzt wird, mag dahingestellt bleiben, aber die Möglichkeit besteht zumindest. Die beiden wollten mich und meine Arbeit vorab kennenlernen.

Bei ihrem Besuch in meiner Ausstellung kam das Gespräch auch auf das Thema »Grün«. Wie freute es mich zu hören, dass die Frau zu den schwarzen Anzügen bereits grüne Hemden und Krawatten ausgesucht hatte! Ich erzählte natürlich von meiner Vision und beide schienen meinem Gedanken nicht abgeneigt.

Materie folgt dem Gedanken!

In diesem Sinne sende ich meine Gedanken ins Universum und sehe dort freundliche, stolze und sensible Bestatter in grüner Kleidung und grünen Fahrzeugen, die sich ihrer wichtigen Tätigkeit in unserer Gesellschaft bewusst sind, und die sich mit Freude und Verantwortung um die Verstorbenen und deren Familien kümmern.

WAS SAGT DA DER BESTATTER?

In jedem Gespräch über bemalte Schreine wird irgendwann die Frage gestellt: »Was sagt da der Bestatter dazu, oder der Pfarrer?«

Mit Pfarrern hatte ich bisher noch nie Probleme, sind sie doch Blumen auf Särgen gewohnt. Das ist ja eigentlich nichts Neues, nur dass bei meinen Modellen die Blumen aufgemalt und die Grundfarben meist lebendiger sind als Fichte natur oder »Eiche brutal«.

Im Gegenteil, es gab hin und wieder Pfarrer, die ihre Grabrede auf die Farben und Symbole des Schreines bezogen haben. So spannte einer der Redner feinfühlig eine Brücke von der Sonnenblume zu einem den Menschen zugewandten Gott. Beide, die Sonnenblume wie auch der im Sarg liegende Mensch, so sprach er, wendeten ihr Gesicht der Sonne, dem Licht entgegen.

Besonders gut gefiel mir auch dieser Vergleich: Ein individuell gestalteter Sarg ist genauso einzigartig, wie es auch der darin befindliche Mensch in seinem Leben war.

Vonseiten der Bestatter gab es anfänglich ein paar »Ungereimtheiten«. Ich erinnere mich allerdings nur an einen Fall, in dem ein Bestatter sich weigerte, für eine Kundin die Beerdigung durchzuführen, weil die Dame sich für einen bemalten Schrein aus meinem Atelier und nicht für einen Sarg aus dem Angebot des Bestatters entschieden hatte. Die Dame rief mich an und schilderte mir die Situation. Da besagter Bestatter sich weigerte, mit mir zu

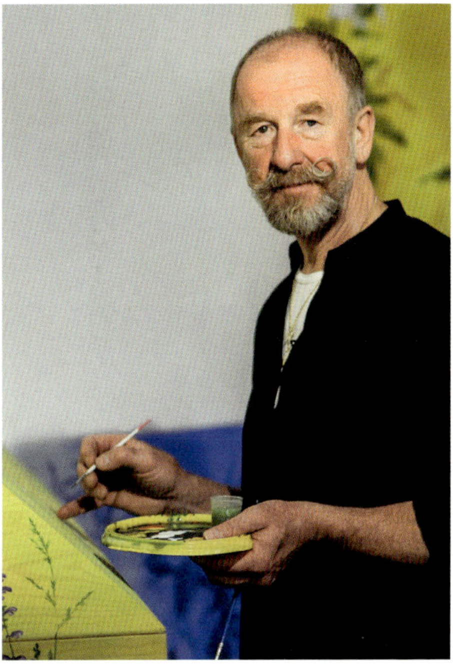

» Ich glaube, dass unser Lebensende nur der Beginn eines neuen Weges ist. Ich gehe auch davon aus, dass wir Menschen durch die Liebe verbunden sind.

Dieser Blickwinkel macht mir den Abschied leichter, weil er mir die Hoffnung auf ein Wiedersehen gibt.

Die lebendige und farbenfrohe Malerei auf meinen Schreinen kann zwar den Schmerz über den Verlust eines geliebten Menschen nicht vertreiben, aber sie nimmt vielleicht etwas von der Schwere und bringt Menschen zum Lächeln, selbst in solch einer emotionalen Situation.

Ich wünsche mir, dass meine Arbeit Hilfe und Unterstützung in Trauerprozessen bieten kann. «

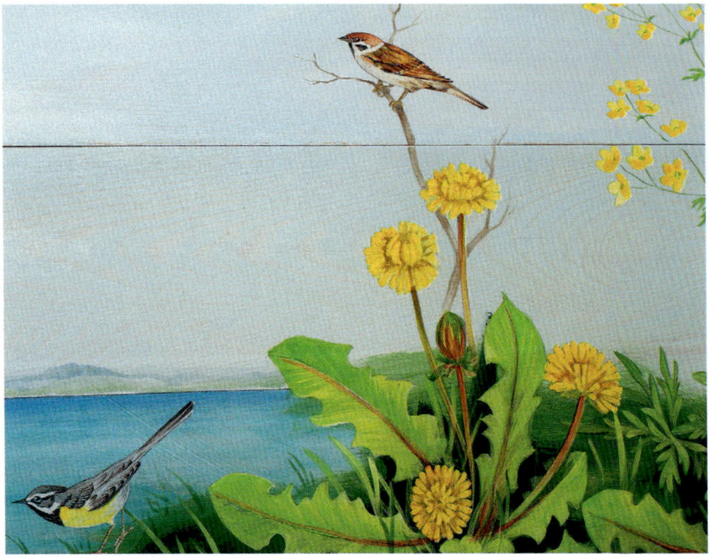

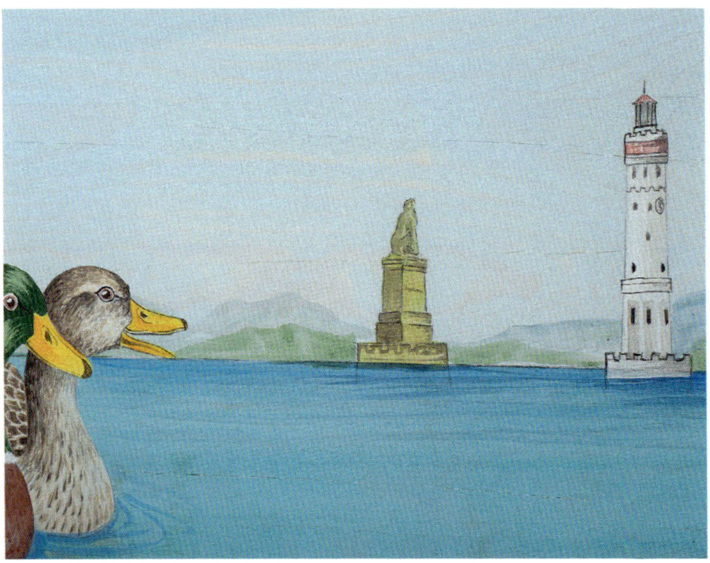

EINZIGARTIG, PERSÖNLICH, LEBENDIG UND FARBENFROH

Meine Bilder leuchten meist in sehr lebendigen Farben und meine Motive sind immer dem Leben, der Liebe und der Freude gewidmet. So auch die Motive meiner Schreine.

Habe ich die Möglichkeit, den Menschen, für den ich arbeite, noch persönlich kennenzulernen, gehe ich gern auf seine Wünsche ein und setze sie mit meinen Kenntnissen und Fähigkeiten um. So wird das »letzte Haus« ein maßgeschneidertes Unikat.

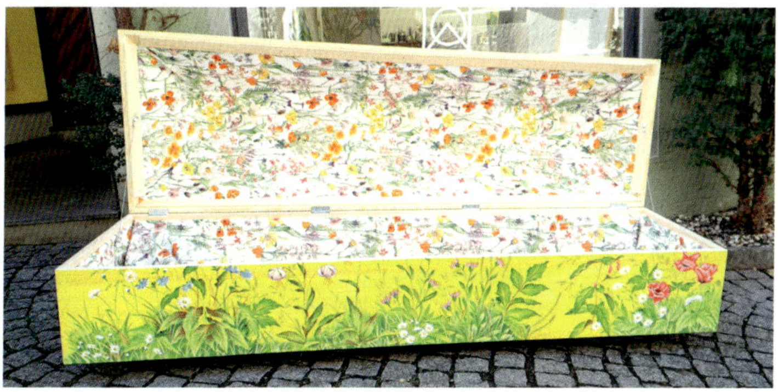

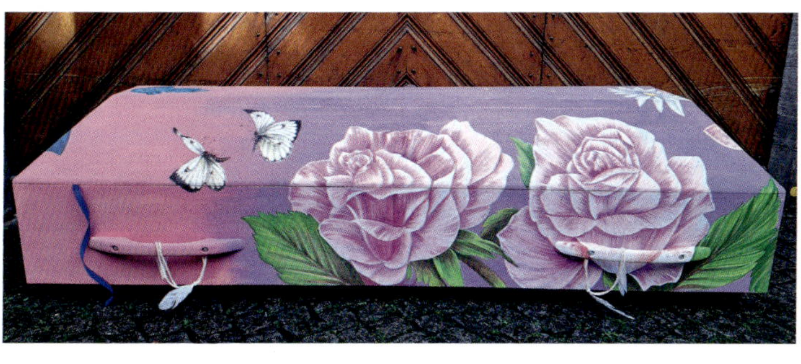

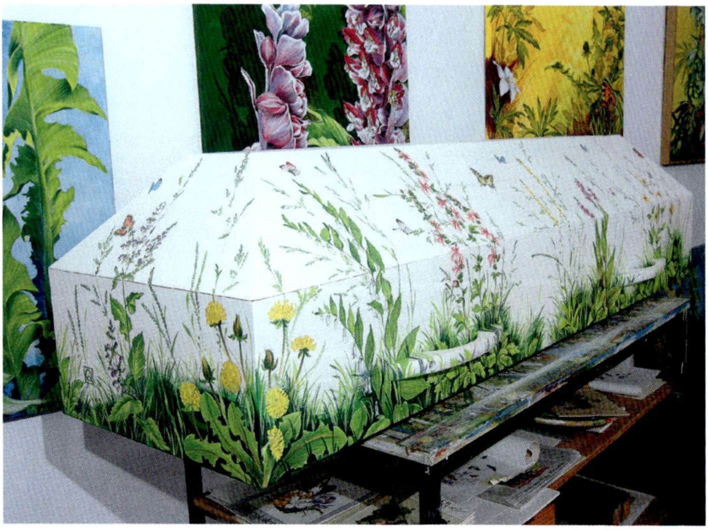

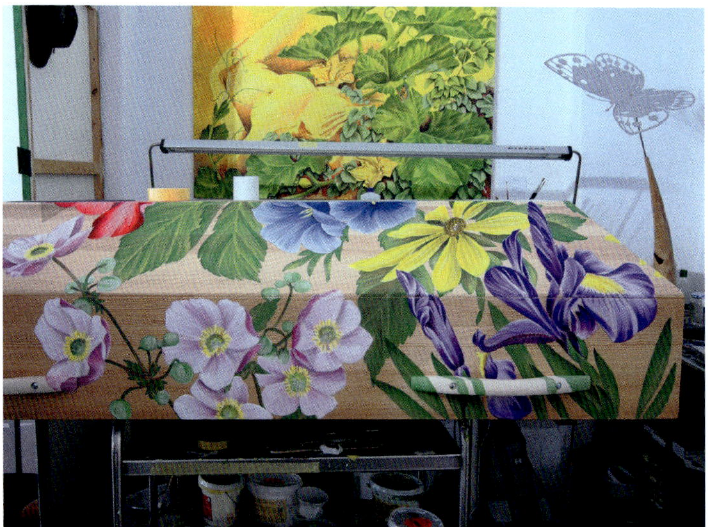

MIT LIEBE ZUM DETAIL

Mein Atelier und die daran angeschlossene Ausstellung befinden sich auf der malerisch gelegenen Insel Lindau im Bodensee.

Alle meine Objekte, ob Schreine, Urnen oder Kreuze, werden von mir künstlerisch gestaltet. Sie sind absolute Unikate, so wie auch der Mensch, der verabschiedet wird.

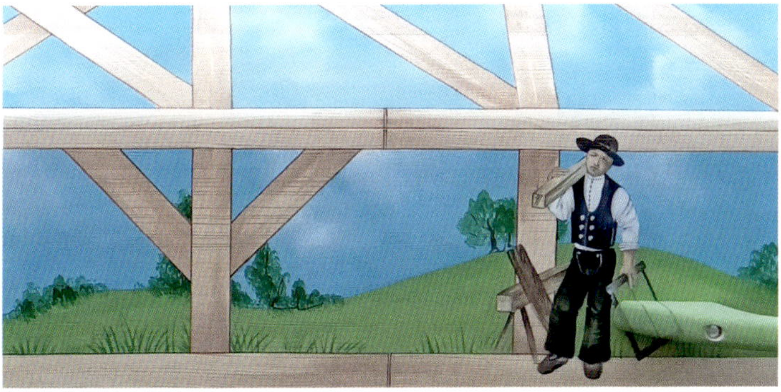

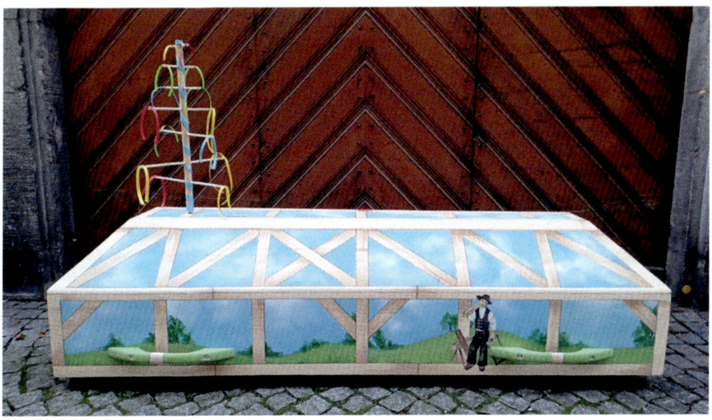

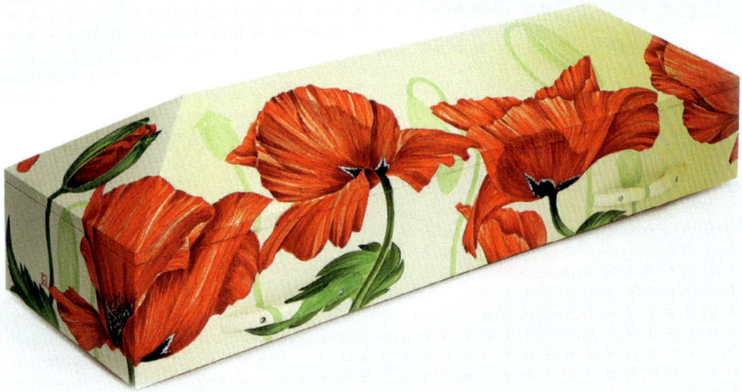

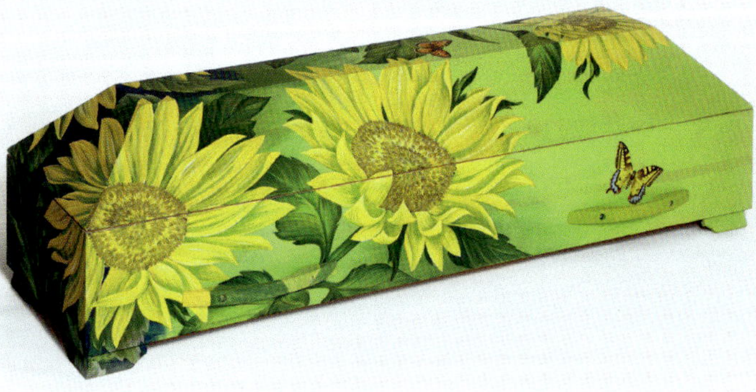

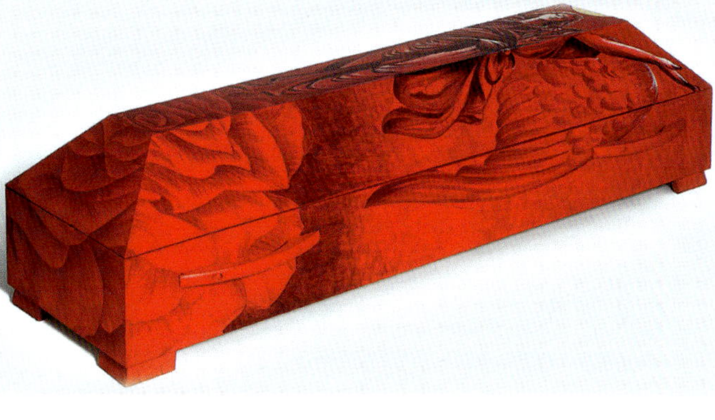

SCHREINE

Meine Schreine werden nach meinen Vorgaben für mich gebaut und unterscheiden sich in vielerlei Hinsicht von den handelsüblichen Särgen. Sie sind sowohl für die Kremierung als auch für die Erdbestattung geeignet und entsprechen allen gesetzlichen Vorgaben. Fertig gestaltete und komplett ausgeschlagene Schreine liefere oder versende ich meist noch am gleichen Tag.

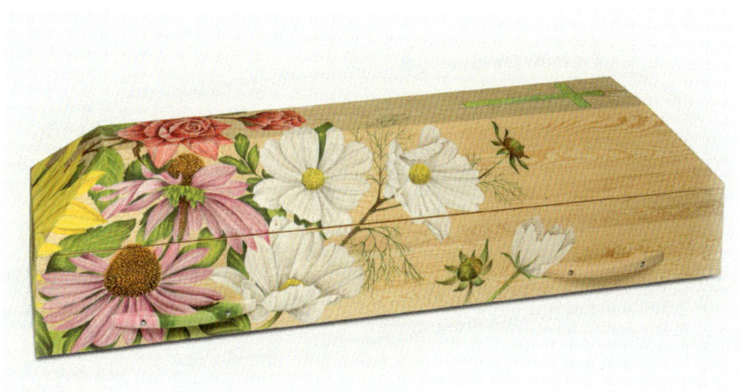

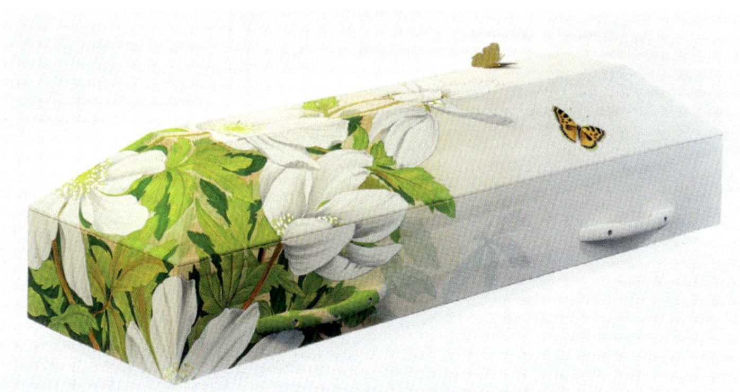

SCHREINE MIT ÜBERGANGSKREUZEN …

Zu allen Schreinen und Urnen biete ich immer das passende Kreuz aus Holz an, das die Zeit bis zur Aufstellung des Grabsteins überbrückt. Die eigene Form meiner Kreuze bietet neben der individuellen Gestaltung zusätzlich Platz für einen Spruch, einen Leitsatz oder ein Gedicht.

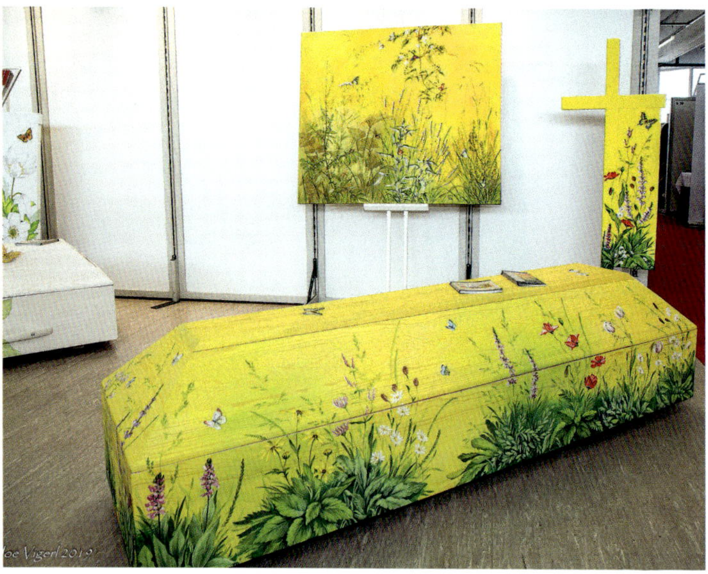

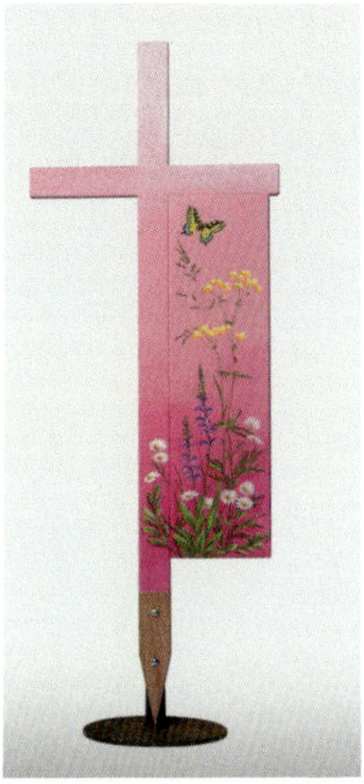

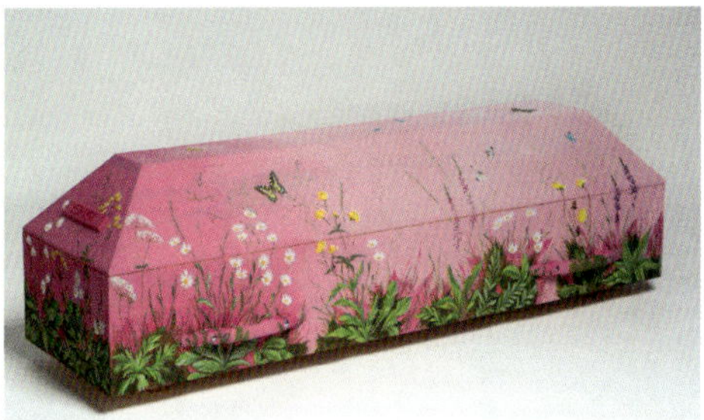

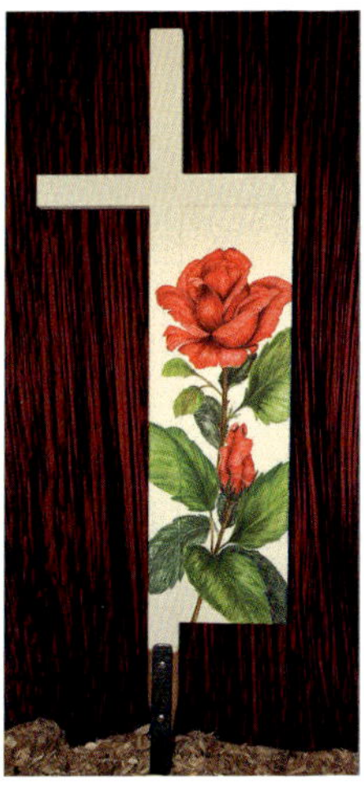

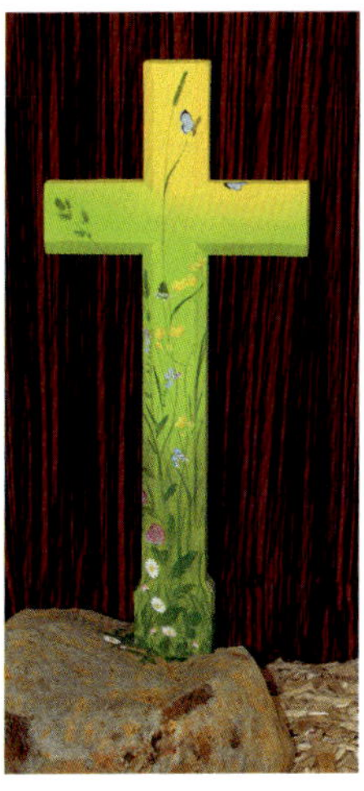

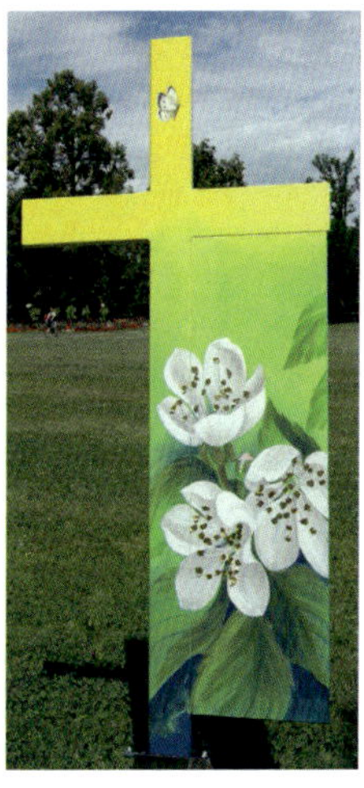

BESONDERHEITEN UND INDIVIDUELLE DETAILS

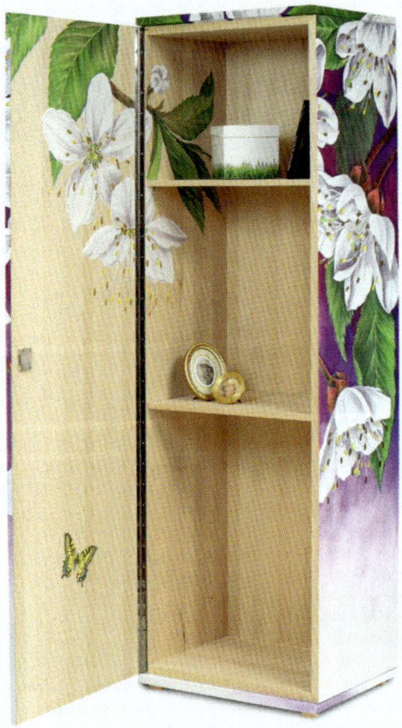

Im persönlichen Gespräch ist es mir möglich, auf individuelle Wünsche einzugehen und sie umzusetzen.

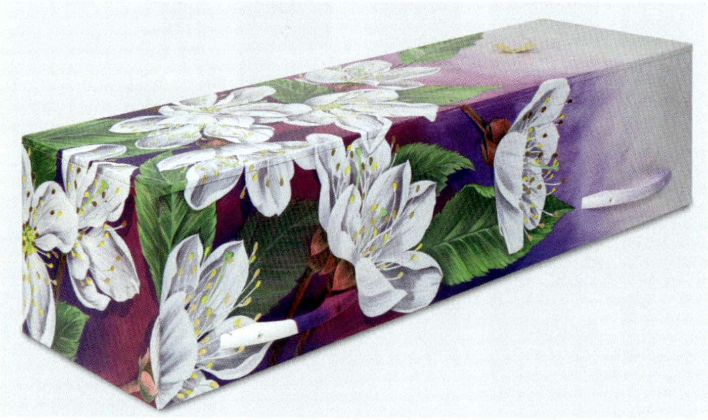

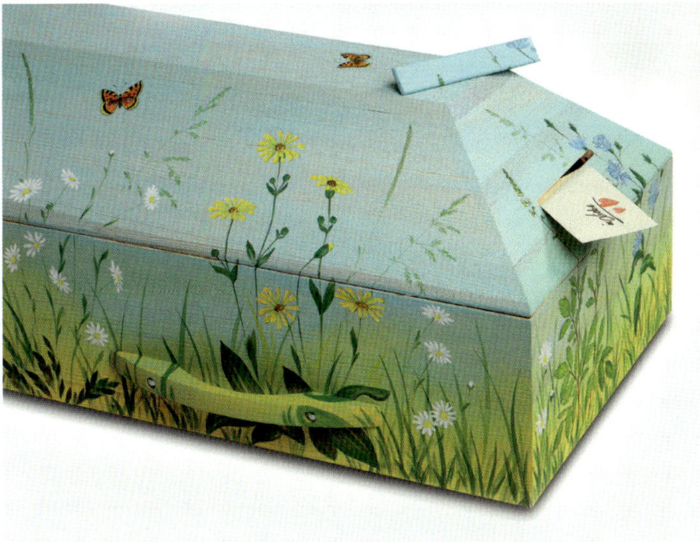

Ich arbeite gerne mit Menschen zusammen, um die Verabschiedung zu einem würdevollen, unvergesslichen Fest zu machen.

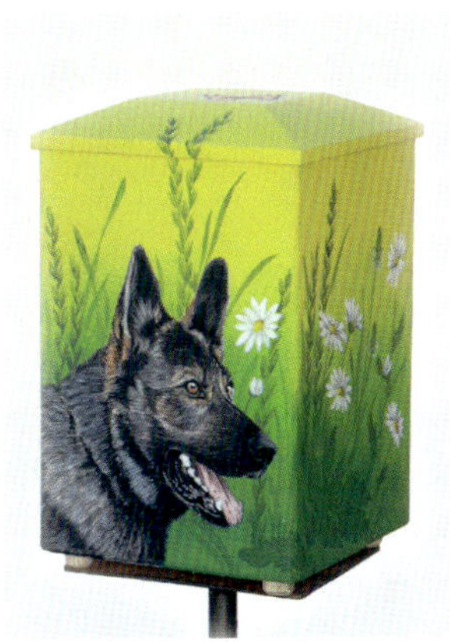

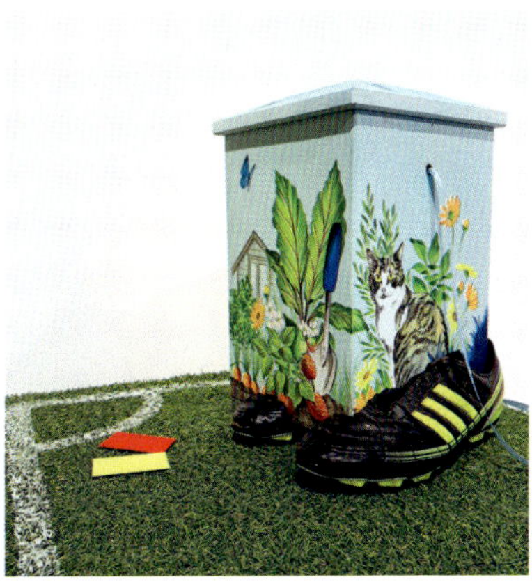

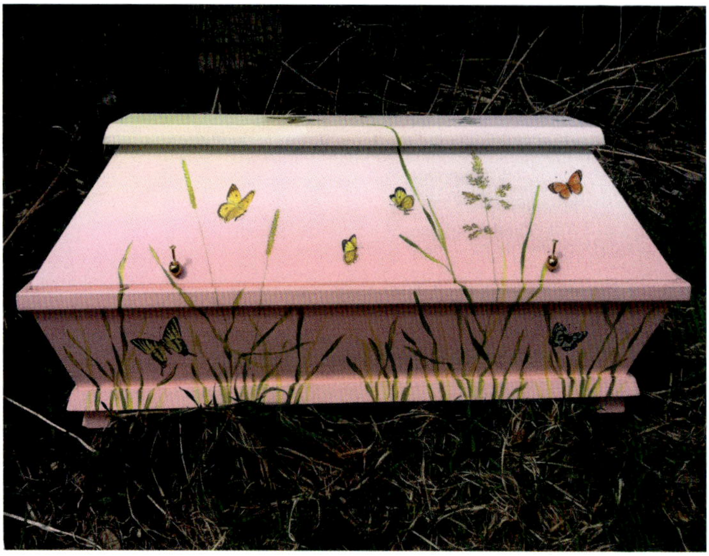

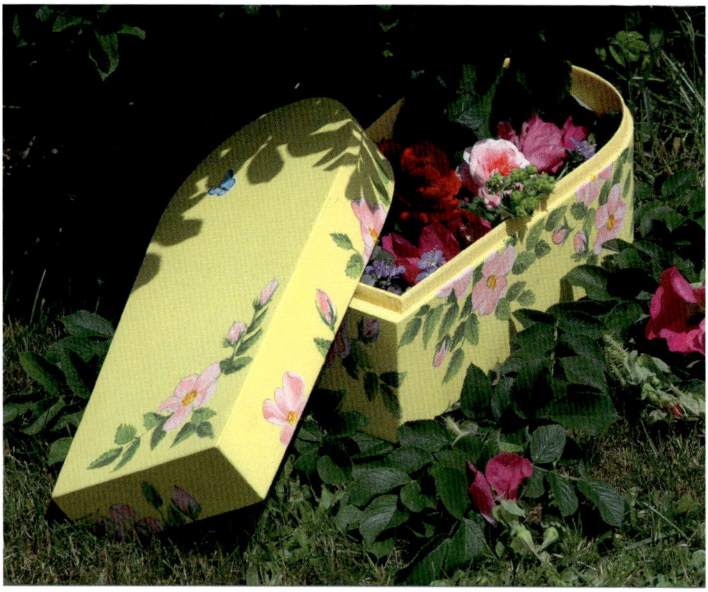

KINDER- UND FRÜHCHENSCHREINE

Dieses Thema erfordert besonders viel Sensibilität und Mut, weil Eltern, deren Kind gestorben ist, sich in einer außergewöhnlichen Situation befinden. Hier gilt für mich: »Geht nicht gibt's nicht«.

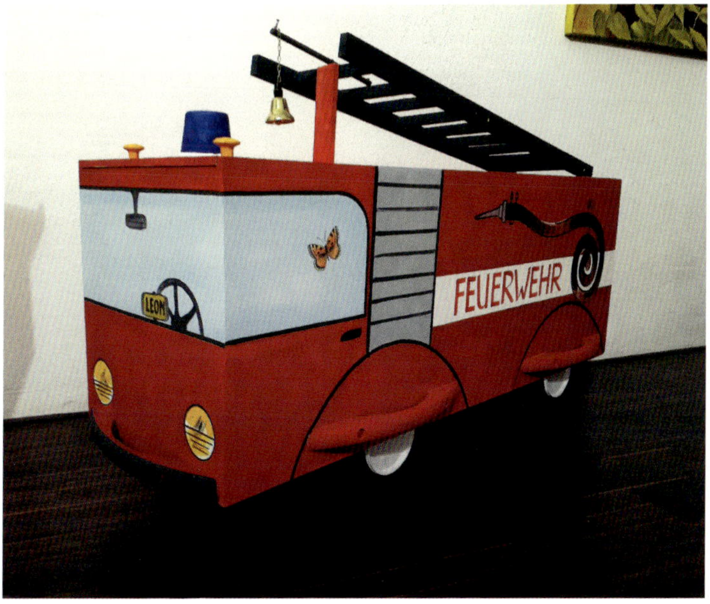

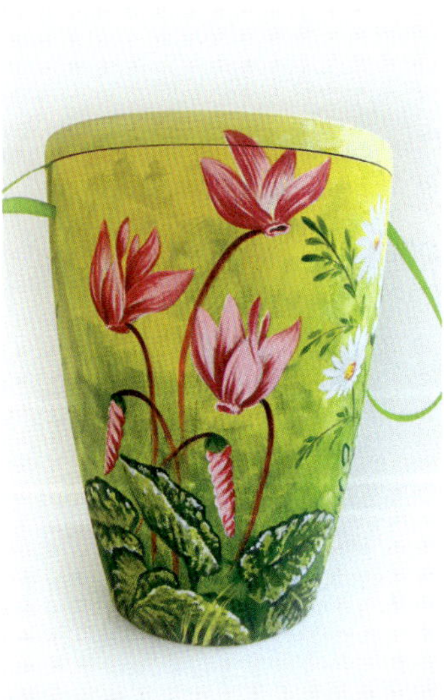
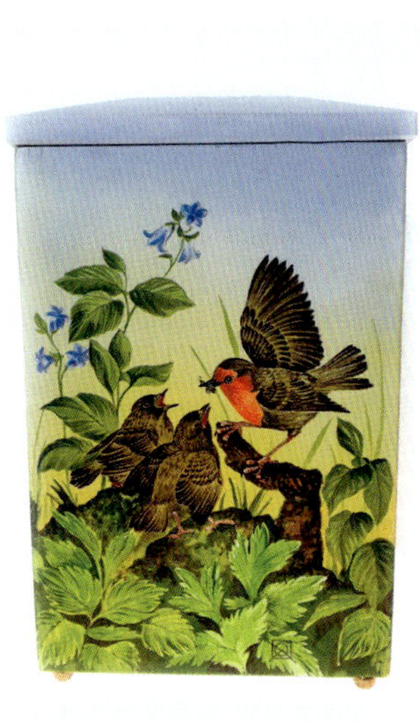
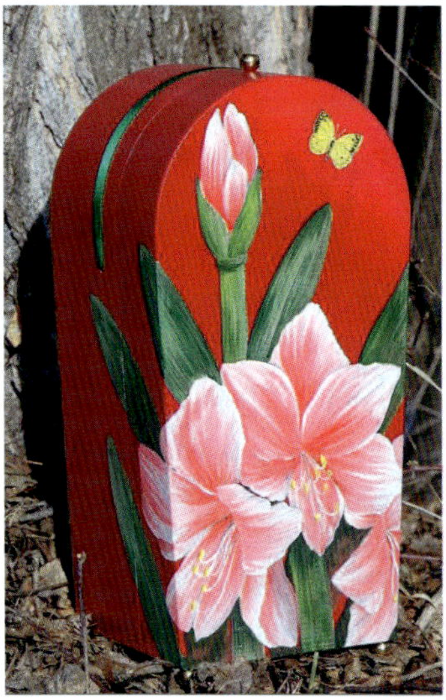
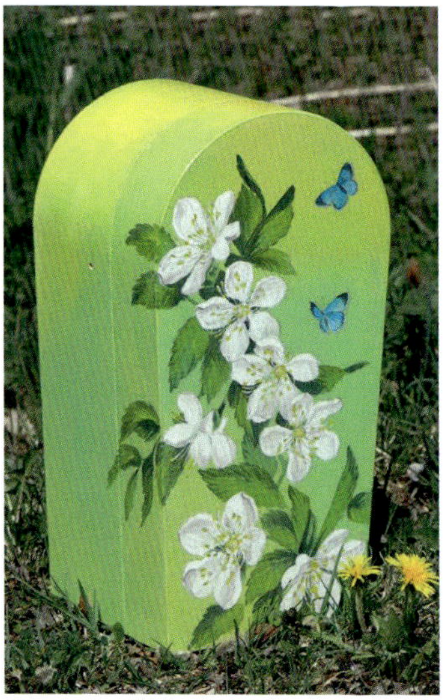

SCHMUCKURNEN

Auch meine Schmuckurnen werden nach meinem eigenen Entwurf aus Fichtenholz für mich gebaut. Sie strahlen Leichtigkeit und doch eine dem Anlass angemessene Freude aus. Sie sind vor allem für die Erdbeisetzung gedacht. Auch hier arbeite ich sehr persönlich nach den Wünschen meiner Kunden.

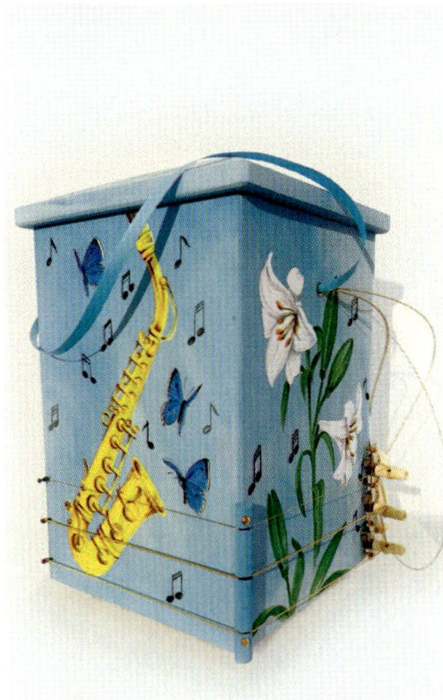

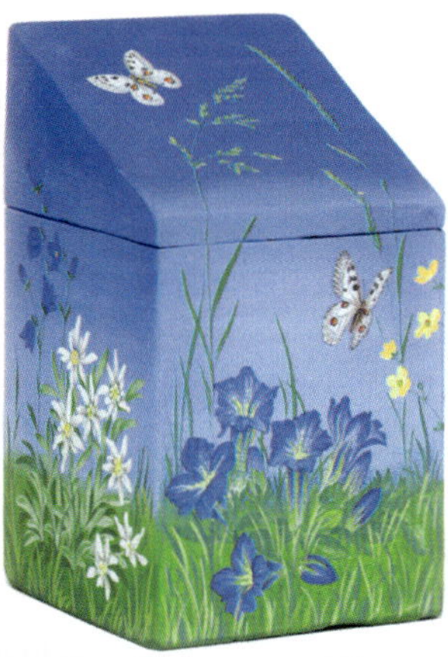

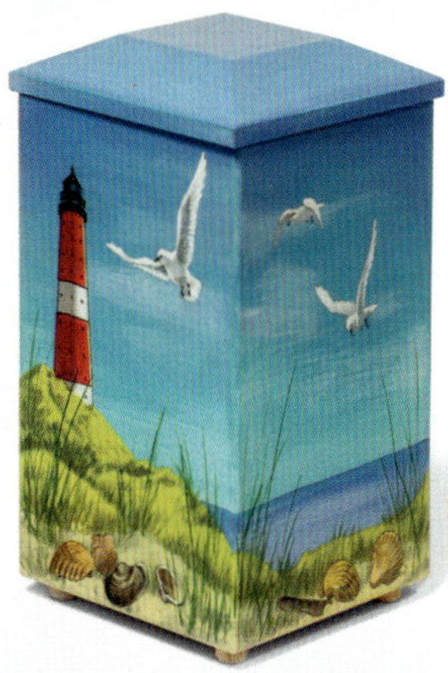

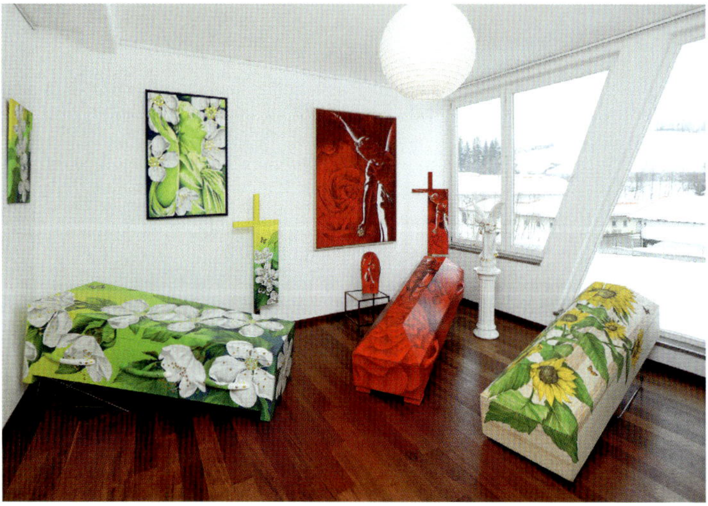

sprechen, telefonierte ich mit dem Vorsitzenden des Bestatterverbandes. Dieser setzte sich umgehend mit seinem Kollegen in Verbindung und schließlich konnte das Problem geklärt und die Beerdigung normal durchgeführt werden.

Ein Bestatter ist ein Dienstleister wie ein Bäcker oder ein KFZ-Betrieb. Und wenn der Bäcker keine Vollkornwaren anbietet, dann kauft man sie eben in der Bäckerei eine Straße weiter. Oder wenn der KFZ-Betrieb ein Fahrzeug nicht reparieren will, weil es nicht bei ihm gekauft wurde, dann sucht man sich eine andere Werkstatt. Wo liegt da das Problem? Wir haben die Wahl, auch wenn es um ein Bestattungsunternehmen geht.

Sie dürfen sich ihren Bestatter selbst aussuchen, Sie sind an niemanden gebunden. Und Sie können auch entscheiden, was der Bestatter für Sie übernehmen soll und was Sie vielleicht lieber selbst machen möchten.

Zu diesem Thema eine sehr berührende Geschichte, die ich mit einem Kunden erleben durfte:

Ein junger Mann, freundlich und auf den ersten Eindruck unbekümmert, kam zu mir in den Sargladen, um für seine sterbende Mutter eine Urne zu bestellen.

Im Gespräch wurde schnell klar, dass anstelle der Urne auch ein Sarg benötigt werden könnte. Es kamen weitere Fragen auf, die der Sohn mit seiner Mutter gleich klären konnte, lag sie doch nebenan im Krankenhaus. Die Dame sollte auch selbst entscheiden, ob ihr Schrein geräuchert werden sollte – ich räuchere meist mit Salbei, Weihrauch und heimischen Kräutern – oder ob sie auf Heu gebettet werden wollte, ob Lavendel beigemischt werden sollte, und so weiter.

Drei Stunden später überbrachte mir der Sohn, zusammen mit seiner Frau, die Entscheidungen der Mutter. Sie wünschte sich Margeriten auf ihrem Schrein, da diese Blumen in ihrem Hochzeitsstrauß gewesen waren. Auf meine Frage, ob denn der Schrein beim Abschiedsgottesdienst mit in der Kirche stehen solle, wussten sie keine Antwort, waren aber absolut begeistert von dem Gedanken. Sie sprachen mit dem zuständigen Pfarrer und siehe da, dieser Geistliche hatte Verständnis für den Wunsch der Kinder. Und so wurde die Mutter in ihrem Schrein beim Trauergottesdienst in der Kirche aufgebahrt. Die Hauptperson war anwesend.

Doch was sich hier im Vorfeld zugetragen hatte, beeindruckte mich enorm: Zunächst lieferte ich den fertigen Schrein ins Haus, in dem die Verstorbene bereits aufgebahrt war.

Ein kleines Dorf im Allgäu, es war Sommer. Ein großer Garten und darin ein Haus mit weit geöffneter Türe. Menschen gingen ein und aus, Kinder spielten drinnen und draußen.

Der Sohn der Verstorbenen und ich trugen den Schrein die enge Treppe hoch in das Zimmer im ersten Stock, in dem die Mutter auf dem Bett lag.

Ich begrüßte sie und stellte mich als der Sargmaler vor. Den Schrein ließen wir dann oben in dem Zimmer bei der Verstorbenen stehen. Das junge Paar wollte die Mutter bzw. Schwiegermutter selbst einbetten. Wie er denn gedenke, den Sarg später die enge Treppe wieder herunterzubringen, wollte ich wissen.

»Gar nicht, ich seile sie ab!«, war die Antwort.

Der Mann betreibt im Allgäu einen Klettergarten und weil seine Mutter oft und gerne mit ihm geklettert war, wollte er ein letztes Mal mit ihr in den Seilen hängen.

So geschah es auch, der Sarg wurde am nächsten Tag durchs Fenster aus dem ersten Stock abgeseilt. Solch ein persönliches Geschenk!

Und nun noch einmal zurück zum Trauergottesdienst und zu dem Pfarrer, der sehr offen für die Wünsche des Paares war. Dieser Pfarrer war wirklich ein Segen. Nicht nur, dass er es begrüßte, den Schrein mit der Verstorbenen während des Verabschiedungsrituals in der Kirche aufzustellen, nein, er überließ es auch den Hinterbliebenen, die gesamte Zeremonie zu gestalten. Er war sehr angetan und beeindruckt davon, wie das Paar ihre Mutter auf ihrem letzten Weg geleitete.

Ein äußerst großzügiger und feinfühliger Gastgeber für dieses Gotteshaus!

Wie schön, dass es solche Geistliche gibt, die an erster Stelle Mitmenschen und sensibel genug sind zu erspüren, was für einen Trauernden wirklich wichtig ist.

Das Gegenteil erlebte ein junger Mann aus Augsburg. Auch in diesem Fall war die Mutter gestorben und die Söhne und Enkel wollten den Sarg zu Grabe tragen. Welch wunderschöne Symbolik, die Mutter, den Menschen, der einen selbst ins Leben getragen hat, auf ihrem letzten Weg zu tragen. Für viele keine leichte Aufgabe, aber eine sehr wichtige im Trauerprozess.

Doch leider wurde aus der Absicht der Söhne nichts. Ein unsensibler Pfarrer hat sie als »nicht üblich« abgetan und die jungen Männer so verunsichert, dass sie sein Nein einfach akzeptiert haben, ohne es zu hinterfragen. Heute tut es ihnen leid, aber die Gelegenheit ist unwiderruflich vorbei.

Wir müssen nicht alles akzeptieren, was uns von scheinbar »höherer« Stelle vorgeschrieben wird. Denken Sie immer daran: Es ist *Ihr* Fest, alle anderen sind nur *Dienstleister. Sie* alleine bestimmen, was wie gemacht werden soll. Vielleicht muss man das eine oder andere Mal einen Kompromiss eingehen, aber halten Sie an Ihrer Vorstellung und Ihren Wünschen fest!

Im Zweifelsfall lassen Sie sich von einem anderen Bestatter beraten oder sprechen Sie mit einem anderen Pfarrer. Lassen Sie sich nicht einschüchtern bei dieser gewichtigen Entscheidung!

GESPRÄCH MIT DEN KINDERN

Dieses Buch war fast fertig, als ich mit einer Dame, die ich durch die Hospizarbeit kennengelernt habe, ins Gespräch kam.

Sie erzählte mir von ihrer Familie und von ihrer erwachsenen Tochter, bei der das Thema Tod nicht angesprochen werden durfte. Sie verdrängte jeglichen Gedanken daran, als ob sie und ihre Mitmenschen unsterblich wären.

Es scheint mir eine extrem schwere Last zu sein, die diese Menschen dauernd mit sich herumtragen und die immer einen Schatten auf ihr Leben wirft. Wie lebt es sich in solch einer »Hollywood Welt«, in der ich dem Thema Tod ständig ausweiche?

In der Zeitung stehen täglich Todesanzeigen. Gut, ich kann sie schnell mal überblättern.

Wenn ich durch die Stadt gehe und am Schaufenster eines Bestatters vorbeikomme – wechsele ich dann die Straßenseite?

Auf der Autobahn fährt ein Bestattungsfahrzeug vor mir – halte ich bei der nächsten Raststätte an, bis der Abstand groß genug ist?

Wie erziehe ich meine Kinder zu starken, selbstbewussten Menschen, wenn ich ihnen die Angst vor dem Tod vorlebe? Für mich ist es noch verständlich, wenn Kinder in der Pubertät nicht über den Tod sprechen wollen. Die haben gerade die schlimmste Phase in ihrem Leben durchzustehen und dann kommt womöglich »der Olle und will mit mir über die Gruft labern, eh, das ist zu krass, oder?« Aber Söhne und Töchter im erwachsenen Alter sollten schon begriffen haben, dass alles endlich ist, auch sie selbst. Natürlich ist es schmerzhaft, sich vorzustellen, Vater oder Mutter zu verlieren. Aber wer weiß denn, wer zuerst geht?

Es ist nicht so selten, dass Eltern ihre erwachsenen Kinder zu Grabe tragen. Wäre es da nicht wichtig, mit seinen engsten Mitmenschen zu sprechen und die wichtigsten Dinge zu klären?

Wie viel Streit und Zerwürfnis könnte vermieden werden, wenn alle Mitglieder der Familie wüssten, was im Todesfall zu tun und wie im Sinne des Verstorbenen und zum Wohle der Gemeinschaft zu handeln wäre. Und wir alle wissen, das könnte plötzlich schon heute sein, jetzt!

Mancher wird möglicherweise einwenden: Wenn es etwas Wichtiges gäbe, dann würde man es aus dem Testament erfahren. Das mag stimmen, aber in einem Testament sind meistens andere Dinge geregelt und es ist längst nicht so persönlich wie ein Gespräch. Im Gespräch erfährt man doch eher das, was dem anderen wirklich wichtig ist, das Menschliche.

Zudem könnten schon Dinge versäumt worden sein, beispielsweise bei einem unerwarteten Tod, bevor das Testament gelesen wird. Wenn sich ein Verunglückter im Falle des Todes gewünscht hätte, solange wie möglich in seinem Haus, in seinen Räumen, in denen er sich zu Lebzeiten wohlgefühlt hat, aufgebahrt zu werden und Sie erfahren das aber erst Tage oder Wochen später aus dem Testament – was dann? Die Möglichkeit, die Sie gehabt hätten, wäre im Vorfeld darüber gesprochen worden, ist endgültig vorbei, unwiderruflich!

Stellen Sie sich eine ähnliche Situation einmal auf einer anderen »Bühne« vor:

Eine junge Frau hat ein sehr gutes und offenes Verhältnis zu ihrer Mutter. Diese junge Frau hat einen Freund, mit dem sie schon seit Jahren in einer festen Beziehung lebt. Die Hochzeit steht kurz bevor. Alle Angehörigen und Freunde sind begeistert, sind die beiden doch solch ein schönes Paar!

Je näher der Termin der Vermählung rückt, desto nervöser und unsicherer wird die Braut. Sie fragt sich: Ist das wirklich der richtige Schritt? Liebe ich ihn wirklich? Warum habe ich plötzlich dieses seltsame, leere Gefühl im Bauch? Die Fragen beschäftigen sie sehr, sie zermürben sie innerlich. Sie muss dringend mit jemandem darüber sprechen, aber mit wem?

Ihre Freundinnen warten doch nur darauf, sich ihren Freund, den tollen Typen, gleich selbst unter den Nagel zu reißen, und zu den Arbeitskollegen hat sie nicht die beste Beziehung. Der Pfarrer vielleicht? Aber wie soll der denn das alles verstehen? Wer käme noch infrage? Meine Mutter, ja natürlich, meine Mutter! Mit der spreche ich heute noch!

Sie ruft an und es passt. Sie fährt hin. Der Vater ist nicht zu Hause und sie und ihre Mutter sind ganz unter sich. Erst einmal Kaffee trinken, ein bisschen Smalltalk und dann muss es raus: »Mutter, hör mal! Ich muss mit dir sprechen, es geht um meine Hochzeit. Ich weiß nicht, was los ist, mir ist plötzlich so seltsam bei dem Gedanken! Ich bin mir gar nicht mehr so sicher, ob ich ihn wirklich ...«

Die Mutter fällt ihr ins Wort: »Ach Kindchen, was für ein Unsinn! Dein ... ist solch ein toller Mann, auf den sind doch alle neidisch. Und ›dieses Bauchweh‹ vor der Hochzeit kommt schon mal vor. Vergiss es! Es ist schon richtig so und zudem ist ja alles bestellt. Und du siehst so hübsch aus in deinem Brautkleid! Komm, wir gehen jetzt schnell in die Stadt, ich wollte doch noch die Tischdekoration bestellen. Übrigens, hast du gestern Abend den Film mit Benedikt Cumberbatch gesehen?«

Wie mag sich die Tochter jetzt fühlen? Ist es nicht zum Verzweifeln, zum Schreien, zum Teller werfen?

Welche Ignoranz der Mutter ihrer Tochter gegenüber! Einem Menschen, der ihr eigentlich so nah ist. Das tut bestimmt richtig weh.

So in etwa kann es Eltern ergehen, die das dringende Bedürfnis verspüren, über ihren Tod oder den Tod ihres Partners zu sprechen, weil dieses Thema sie gerade am meisten bewegt.

Ich bekomme solche Geschichten immer wieder von wildfremden Menschen erzählt. Ich kann zwar zuhören, aber ich weiß, dass ich nicht gemeint bin, und dass ich die Kinder oder den Ehemann nicht ersetzen kann.

Um Menschen zu ermöglichen, sich über das Sterben und den Tod zu unterhalten, setzten ein paar junge Leute in Hamburg eine schöne Idee um. Sie gründeten das erste deutsche »Death Café«, das »Café Tod«. Interessierte Menschen treffen sich zu einem vorgegebenen Termin in einer Lokalität und tauschen sich mit den anderen Besuchern über Tod, Sterben oder Trauer aus. Es handelt sich hierbei nicht um Trauerbegleitung, sondern vielmehr um eine Art Stammtisch.

Ich selber hatte zwar nie besonders große Probleme mit dem Tod, aber es war auch nichts, was mich interessierte. Freiwillig hätte ich mich nie damit beschäftigt, jedoch kam ich durch meine Wandmalerei mit dem Bestatter in Wiesbaden in Kontakt. Und je mehr ich mich, bedingt durch seinen Auftrag, mit diesem Thema beschäftigen musste, desto interessanter und spannender wurde es für mich.

Durch die Arbeit mit Sterbenden oder deren Angehörigen habe ich meine Unsicherheit und Angst vor dem Tod verloren. Wie ich mal sterbe, macht mir manchmal Gedanken; doch dass ich sterbe, verunsichert mich nicht mehr. Im Gegenteil, ich stelle mir fast jeden Tag die Frage, was wäre, wenn ich »kommendes Wochenende« sterben würde.

Was sollte ich noch dringend tun oder mit wem noch sprechen, was noch erledigen oder aufräumen? Zugegeben, gerade jetzt in diesem Moment möchte ich noch nicht gehen müssen, dafür bin ich viel zu aktiv und viel zu glücklich, aber wenn es sein soll ...

Und deshalb spreche ich auch mit den Menschen, die mir sehr nahestehen, darüber, was geschehen soll und was ich gerne hätte, wenn ich »hinüberwechsle«.

Mir ist es zum Beispiel wichtig, so in meinem »letzten Haus« zu liegen, wie ich auch auf der Erde angekommen bin: nackt. Gerne zugedeckt mit duftendem Heu.

Und ich will, dass mein Hund bei der Beerdigung dabei ist. Der darf auf keinen Fall weggesperrt werden, denn er ist ein Teil unserer Familie und gehört dazu.

Als musikalische Begleitung wünsche ich mir momentan eine Mischung aus Vivaldis »Vier Jahreszeiten«, auf jeden Fall den »Frühling«, Pink Floyd »The Wall« und Frank Sinatras »My Way«. Das sind Klänge, die mir tief in die Seele gehen. Da werden all die, die mich auf meinem letzten Weg begleiten, ganz furchtbar weinen müssen – das nimmt die Anspannung weg und reinigt.

Und danach, beim Leichenschmaus, sollen alle so viel guten Wein auf mich und das Leben trinken, wie sie vertragen. Und sie sollen lachen und Spaß haben und ein letztes Mal »Stolat« singen. Das ist ein polnisches Lied, das in unserer Familie zu jedem Geburtstag gesungen wird. Es ist ja fast das Gleiche, es ist mein *Re*burtstag!

Merken Sie etwas? Wenn Sie sich überwinden, wenn Sie sich wirklich einmal trauen, Ihre Wünsche mit jemandem zu besprechen oder zumindest darüber nachzudenken, besser noch, sie niederzuschreiben, kommen Sie richtig in Fahrt. Es beginnt, wirklich Spaß zu machen. Da rückt die Angst vor dem Tod in den Hintergrund.

AUSSTELLUNGEN

Nachdem meine erste Veranstaltung, die dazu gedacht war, Bestattern meine Särge vorzustellen, gescheitert war und ich auch auf den Bestatterfachmessen keine »Mitstreiter« fand, beschloss ich, meine Schreine auf Messen zu präsentieren, die nichts mit Tod und Trauer zu tun hatten.

Und siehe da, ich fand Menschen, deren Interesse wirklich sehr groß war, und es gab viele gute Gespräche. Solche Veranstaltungen bilden heute die Basis für meine Arbeit. Ich bin, so glaube ich, der einzige Künstler, dessen Werke thematisch zu allen erdenklichen Ausstellungen passen. Ein Spielzeughersteller wird sich kaum auf der BAUMA (Fachmesse für Baumaschinen und Bergbaumaschinen) wiederfinden, oder der Biomüsli-Anbieter auf der Kleintiermesse.

Mit meinen Objekten ist das anders. Ob auf der Automobilausstellung, auf der BIOFach (auch gesunde Menschen sterben), auf Hochzeitsmessen, auf Gartenausstellungen oder bei Mode Events: Überall, wo Menschen sind, bin ich mit meinen Schreinen richtig. Da, wo Menschen sind, ist Leben, und da, wo Leben ist, ist der Gedanke an den Tod nicht weit. Das ist einfach so, war es schon immer und wird es auch bleiben.

Dazu eine Begebenheit zum Nachdenken:

Etwa zwei Jahre nach der Kunstausstellung in Betzigau bei Kempten, bei der ich meine Schreine zum allerersten Mal dem Publikum offerierte, kam eine junge Frau, etwa fünfunddreißig Jahre alt, zu mir in den Sargladen und erzählte mir ohne viel Umschweife ihre Geschichte.

Sie hatte damals mit ihrem Mann und ihren zwei Kindern, acht und zehn Jahre alt, besagte Kunstausstellung besucht. Ihr Mann und sie standen sehr lange vor meinen Schreinen und waren sich nicht recht im Klaren darüber, was sie in diesem Moment und im Rahmen einer fröhlichen und bunten Kunstausstellung von meinen lebensfroh bemalten Kisten halten sollten.

Es beschäftigte das Ehepaar jedoch sehr. Und sie unterhielten sich an jenem Abend zu Hause weiter über das Thema Tod. Es war das erste Mal, dass sie über das Sterben sprachen und sich trauten, Fragen zu stellen, die man sich sonst scheut, auch nur zu denken.

Beispielsweise: »Was wird sein, wenn plötzlich einer von uns beiden geht? Wie wird das Weiterleben für den anderen? Was machen wir, sollte eines unserer Kinder sterben? Wenn du stirbst, wie möchtest du, dass ich dich verabschiede? Wie soll die Feier gestaltet werden und wie dein Sarg aussehen?« Sogar auf den Nachtisch beim Leichenschmaus kamen sie zu sprechen.

»Und jetzt, nach zwei Jahren«, sagte sie, »kann ich wieder darüber sprechen, und ich möchte Ihnen sagen, welch ein Geschenk es für mich war, an Ihrem Stand diese Särge gesehen zu haben. Wir, mein Mann und ich, hätten ansonsten keinen Grund gehabt, über dieses Thema zu diskutieren und uns gegenseitig mitzuteilen, was im Falle X jedem von uns wichtig wäre.

Etwa zwei Monate nach diesem bedeutenden Abend, an dem wir uns so offen ausgetauscht haben, verunglückte mein Mann tödlich mit dem Motorrad. Und für mich«, so fügte sie noch sichtlich bewegt hinzu, »war es eine unschätzbare Hilfe, genau zu wissen, was er sich wünschte. Ich konnte noch etwas für ihn tun! Er wollte nur einen schlichten, hellen Holzsarg. Deshalb habe ich Sie damals nicht kontaktiert.«

Egal, ob es sich um eine Kunstausstellung, einen Weihnachtsmarkt oder eine Hochzeitsmesse handelt – wichtig ist mir, dass Menschen den Mut aufbringen, hinzusehen und darüber nachzudenken, dass wir wie alles Leben auf diesem wunderschönen, blauen Planeten endlich sind, dem Verfall und dem Tod unterworfen. Tod und Sterben sind keine Strafe, wie auch das Leben keine Strafe ist.

Manchmal kommen Besucher an meinem Stand vorbei und werfen mir böse Blicke zu, missfallend, vorwurfsvoll. Mancher äußert sich auch verbal dazu. »Makaber« ist das wohl am häufigsten verwendete Wort.

Meinen sie damit meine Schreine, meine Malerei, oder mich?

Und dann sehe ich, dass die Person mit dem strafenden Blick einen breiten, schwarzen Gürtel mit einem hohläugigen Totenkopf als Schnalle trägt! Hallo??

Dieser Totenkopf wird anscheinend nicht in Bezug zum Sterben gebracht. Es ist nur ein Mode-Accessoire.

Aber meine Schreine mit Blumen und Freudlingen finden die Leute makaber? Wie absurd ist denn das?

Oder die Gruppe derer, vielleicht ohne Totenkopfgürtel, aber dafür mit sehr viel Moral im Gepäck ... Sie laufen auffallend gestikulierend an meinem Stand vorbei, mit tadelnden Blicken und gerunzelter Stirn. Trotzdem drehen sie sich mindestens zehnmal um, weil sie doch genau hinschauen müssen. Es ist ja sehr interessant! Aber unerhört, so in aller Öffentlichkeit, man kann doch nicht …!

Das ist in etwa so wie am Nacktbadestrand, oder? Da wandern auch Menschen am Strand rauf und runter und regen sich furchtbar über die schamlosen Nackigen auf: Interessant ist es schon! Aber man kann doch nicht, ist ja unerhört …!

Ja, dann schaut doch einfach weg!

Weil ich mit meinen Schreinen sehr gerne auf Messen gehe, die mit der Natur und mit Gartengestaltung zu tun haben, schrieb ich eine sehr bekannte Messe in der Schweiz an, um einen Ausstellungsstand zu reservieren. Freundlich und bereitwillig schickte man mir die nötigen Unterlagen und Formulare, die ich in Erwartung der baldigen Zusage ausfüllte und zurücksandte.

Kurz darauf kam auch eine Antwort, jedoch eine Absage. Die Begründung lautete: »Sehr geehrter Herr Opiolka, nachdem wir uns Ihre Kunst auf Ihrer Homepage *www.SARGLADEN.com* angesehen haben, können wir Ihnen leider auf unserer Garten- und Wohnausstellung keinen Platz anbieten. Unsere Messe ist für lebende Besucher bestimmt.«

Eine Messe *für lebende Besucher*!? Wow, das ist ja revolutionär!

Bedeutet diese Aussage nicht, dass Särge nur von *Toten* gekauft werden? – Ich nehme an, dass meine Bitte um einen Ausstellungsplatz ein sehr junges Team von Mitarbeitenden erreicht hat, das ich mit meinen Arbeiten sehr erschreckt habe, und das noch keinerlei Erfahrungen mit Tod und Sterben hatte.

Särge auszustellen ist nach wie vor etwas ganz Besonderes und Thema für unzählige und emotionale Diskussionen – und ein Magnet bei jeder Ausstellung!

So berichtete die »Züricher Presse« im Frühling 2016 ausgiebig über eine sehr bekannte und sehr gut besuchte Messe in Zürich – Hauptthema: meine bemalten Schreine, großes Foto inklusive. Dies zog am letzten Tag noch viele neugierige Besucher an, die sonst wohl nicht gekommen wären.

DARF ICH PROBELIEGEN?

Auf dieser Messe in Zürich fragten wie so oft Besucher übermütig lachend und kichernd: »Darf ich da mal Probeliegen?«

Auf meine spontane Antwort: »Ja, klar, gerne!« sind sie dann meist nicht gefasst und der Mut verlässt die Fragenden ganz schnell. Doch dieses Mal waren es tatsächlich fünf oder sogar sechs Personen, die mein Angebot annahmen und sich in den »Alpenblumenschrein« legten.

Ich überlasse es dann immer der Person, wie weit der Deckel geschlossen werden soll oder ob überhaupt. Alle bis auf einen wollten ihn »ganz zu« haben. Sofort sammelte sich eine Traube Schaulustiger, die gespannt zusah, natürlich mit Handy zum Dokumentieren.

Wenn eine »Testperson« in einem Schrein liegt, lasse ich sie zuerst immer den Deckel selbst hochheben, damit sichergestellt ist, dass sie ihn mit eigener Kraft öffnen kann, sollte sie sich im Innern nicht mehr gutfühlen.

Das Gefühl, in solch einer Kiste zu liegen, ist schwer zu beschreiben. Es ist bei Weitem nicht so eng, wie man meinen könnte. Ich beispielsweise bin 190 cm groß und bringe 95 kg Lebendgewicht auf die Waage, habe aber trotzdem genügend Platz darin, um es mir gemütlich zu machen.

Wenn die »Testperson« dann im Sarg liegt, ist alles noch relativ normal. Es wird gescherzt, es wird gelacht – bis zu dem Augenblick, da sich der Deckel schließt.

Es wird dunkel, die Stimmen und Geräusche werden dumpf, klingen weit entfernt und die Orientierung fällt schwer. Bei vielen breitet sich dann eine tiefe Ruhe aus, eine Stille, und man fühlt sich ganz allein und weit weg. Das waren meine eigenen Empfindungen in dieser Situation und meine freiwilligen Probanden empfanden Ähnliches.

Eine Mitausstellerin vom Nachbarstand war so glücklich darüber, die Möglichkeit zu bekommen, einmal in einem richtigen Sarg zur Probe liegen zu dürfen. Sie war sehr stolz auf sich, dass sie den Mut fand, diese seltene Gelegenheit zu nutzen. Sie strahlte danach vor Freude und fiel mir um den Hals. »Wo ich doch so viel Angst vor dem Sterben habe«, gestand sie mir, »und es war so schön darin, so friedlich, so geborgen!«

Einen jungen Mann, der mich ebenfalls um eine »Probebettung« bat und der auffallend lange im Sarg verweilte, hat diese Erfahrung so tief bewegt, dass er, als er dann wieder vor mir stand, mit den Tränen kämpfte. Er war nicht einmal mehr fähig, auf meine Frage, ob denn alles in Ordnung sei, zu antworten. Nur ein kurzes »Alles ok, merci vielmals!«, und schon war er in der Menge verschwunden.

Interessant war die Tagung der Psychotherapeuten im Frühjahr 2019 in Lindau. Die Geschäftswelt am Ort ist alljährlich aufgerufen, für die fast 6.000 Besucherinnen und Besucher in diesen vierzehn Tagen ein möglichst interessantes Angebot bereitzuhalten, da die Veranstaltung der Stadt Lindau einen doch bedeutenden Umsatz einbringt.

So habe ich Flyer und Plakate mit dem Angebot drucken lassen, in meiner Galerie in einem der Ausstellungsschreine Probeliegen zu dürfen. Gerade für Psychologen, so finde ich, eine ganz besondere Möglichkeit, sich mit dem Thema Tod, Verlust und Trauer intensiv auseinanderzusetzen, sehen sie sich doch oft von ihren Patienten mit diesen Themen konfrontiert.

Ich telefonierte mit der Leitung der Inselhalle, dem Veranstaltungsort der Tagung, und kündigte für die vierzehn Tage die tägliche Öffnung meiner Galerie an. Dies wurde freudig begrüßt und man bat mich, die Flyer und Plakate zum Auslegen vorbeizubringen. Das tat ich auch. Zwei Tage später bekam ich einen Anruf: Man könnte meine Flyer leider nicht auslegen und ich sollte sie doch bitte wieder abholen.

Ein Gespräch mit der Leitung der Inselhalle war nicht möglich.

»PROBELIEGEN« in einem Sarg war anscheinend zu provokativ.

Doch hat sich meine Offerte unter den Teilnehmenden sehr schnell herumgesprochen und mein Schrein war – auch wenn es keine Prospekte gab – »dauerbelegt«.

WIESENHEU

Auf Ausstellungen liegen die »Probanden« leider nur auf dem nackten Holz. In meinem Atelier ist der Schrein mit wohlriechendem Heu gefüllt.

Wissen Sie eigentlich, liebe Leserin, lieber Leser, was normalerweise anstelle von Heu verwendet wird?

In unserem Land ist es Vorschrift, dass jeder Sarg zuallererst mit einem feuchtigkeitsundurchlässigen Fließ, eine Art gewachstes Papier, für eventuell austretende Körperflüssigkeiten ausgelegt sein muss. Darauf kommt eine dicke Schicht aus saugfähigem Material, zum Beispiel Sägemehl oder Holzwolle. Der Bestatter bietet auch fertige Matratzen, die ebenfalls mit saugfähigem, verrottendem Material gefüllt sind.

Darauf werden Sie gebettet, wenn Sie Glück haben. Wenn Sie weniger Glück haben, füllt man die Kiste mit geschreddertem Altpapier. Dies ist ebenfalls saugfähig und verrottet gut ...

Aber ist denjenigen, die das leider immer noch praktizieren, bewusst, was sie da machen? Altpapier ist Abfall, ist Müll!

Verwendet man Altpapier, dann wird ein lieber Mensch auf alten Kontoauszügen, der Bildzeitung, diversen Mahnungen, auf Rechtsanwaltskorrespondenzen, dem Finanzamtsbescheid oder bunter Discounterwerbung gebettet ... Man braucht kein besonderes Mitgefühl, um zu verstehen, dass so etwas einfach unwürdig ist! Das ist im höchsten Grade eine Verletzung der Würde der Verstorbenen!

Wenn aber ein Leichnam nur noch eine »Sache« ist – wenn auch eine, deren Totenwürde zu wahren ist –, was soll dann der ganze Zauber mit der Pietät und der Totenruhe, die nicht gestört werden darf? Warum darf ich die Asche von dieser »Sache« denn nicht ausgehändigt bekommen, um sie bei mir im Garten oder oben auf einem Berg auszustreuen?

Nicht jeder möchte das, ich weiß; aber für die, die es wollen, wäre es sehr wichtig.

Ich finde, da gibt es einiges zu klären. Für mich sind viele Fragen offen!

Wie viele Angehörige wissen überhaupt, dass ein »saugfähiger Untergrund« Vorschrift für jeden Sarg ist und woraus er besteht? Würden die Hinterbliebenen besser aufgeklärt oder könnten sich genauer informieren, dann würde diese Abfallverwertung nicht mehr vorkommen.

Auch aus diesem Grund schreibe ich dieses Buch. Es soll für diejenigen eine Hilfestellung und Anregung sein, die Fragen haben oder Informationen zum Thema Tod und Sterben suchen und über eine Sterbevorsorgeversicherung oder eine Patientenverfügung hinausdenken. Ich habe schon erwähnt, dass meine Schreine meist mit Bergwiesenheu aus dem Allgäu gefüllt sind. Auf den Bergwiesen wachsen die schönsten und seltensten Blumen und sehr viele Kräuter, die alle zusammen einen unvergleichlichen Duft verbreiten. Ich bin selber nach wie vor absolut begeistert von dieser Möglichkeit und Alternative zum Altpapier.

Am Rande eine kleine Geschichte über duftendes Heu:

Wir haben einen Kater in den besten Jahren auf unserem Hof. Vor etwa fünf Jahren wurde er krank. Es bildete sich ein riesengroßer Tumor in seinem Bauch. Sein Fell wurde stumpf, aber immerhin hatte er noch einen guten Appetit. Der Tierarzt meinte, eine Operation käme zu spät, da der Tumor schon zu weit fortgeschritten sei. Wir sollten ihm noch ein paar möglichst schöne Wochen bereiten, solange er noch fressen könnte, und erst handeln, wenn er Schmerzen bekäme. Das hieße dann, ihn einschläfern zu lassen.

Sobald im Sommer das erste Heu bei uns in der Scheune eingefahren wird, verbringt der Kater die meiste Zeit damit, im frisch Gemähten zu liegen – immer schon.

Das Interessante: Der Tumor, oder was auch immer es ist, löst sich langsam auf, sein Fell wird glatt und glänzend und unser »Prinz« scheint wieder ein normaler, gesunder Kater zu sein – so geht es ihm jetzt schon seit Jahren.

Mit dem Verschwinden des Heus, welches den Winter über an die Kühe verfüttert wird, wächst auch langsam der Klumpen in seinem Bauch wieder. Er wird größer und größer, sein Fell wird wieder stumpfer ... bis das neue, frische Heu eingefahren wird. Dann ist das Tier wieder über Monate kaum sichtbar, außer zur Fütterungszeit.

Der Befund über den Tumor ist jetzt fünf Jahre alt und unser »Prinz« lebt immer noch und hat nach wie vor einen gesegneten Appetit.

Er hat sich selbst geheilt. Instinktiv spürt diese Katze die heilende Wirkung der Blumen und Kräuter in dem trockenen Gras.

Ich möchte damit nicht sagen, dass unser Bergwiesenheu Tote zum Leben erwecken kann, aber es ist sicherlich eine ganz wunderbare Unterlage für denjenigen, der zur letzten Ruhe gebettet wird.

DER ERDBEERSARG

Durch eine der TV-Sendungen zum Thema Tod und Trauer, die schon mehrmals ausgestrahlt wurde, waren Frau K. und ihre Tochter auf meine Arbeiten aufmerksam geworden.

Frau K. hatte schon mehrere Krebsoperationen hinter sich und die Ärzte gaben ihr keine Chance mehr. Da sie selbst nicht mehr reisen konnte, beauftragte sie ihre Tochter, für sie einen passenden Schrein in meiner Ausstellung auszusuchen. Die Tochter brachte eine Freundin und ihr Kind mit. Es sei schon sehr aufregend, erzählten die Frauen, zu mir in den Sargladen zu kommen und für die eigene Mutter einen Sarg auszusuchen. Aber die Anspannung verschwand schnell inmitten all der bunten Särge und Kreuze, der Blumen und der singenden Vögel.

Frau K.'s Kinder hatten es anfangs schwer, mit der offenen Art ihrer Mutter zurechtzukommen. Sie bestand darauf, ihre gesamte Familie in ihr Sterben miteinzubeziehen. Es ging sogar so weit, erzählte mir die Tochter, dass gerade dadurch in der letzten Zeit vor ihrem Ableben sehr viel gelacht wurde. Man sprach offen über das nahe Ende, es wurden Pläne geschmiedet, Bestellungen aufgegeben und Vorbereitungen getroffen. Die Mutter wünschte sich zum Abschied einen Schrein mit Erdbeeren. Sie hatte einen Großteil ihres Lebens auf ihren Erdbeerplantagen verbracht und Erdbeeren gehörten ganz einfach zu ihr, zu ihrem Leben.

Wir sprachen den ganzen Nachmittag über Frau K. und es war eine wunderbare Mischung von Lachen, Bewunderung und auch vielen Tränen.

Es erstaunt mich nach wie vor, wie offenherzig meist wildfremde Menschen in meinem Beisein über die doch ansonsten so schweren und unangenehmen Themen Sterben und Tod sprechen können. Vielleicht liegt es auch daran, dass man von mir nichts erwartet. Ich bin kein Pfarrer, kein Therapeut, kein Bestatter. Ich bin einfach nur ein Künstler, der mit seiner Arbeit den Menschen, die in extrem schwierigen Situationen stecken, etwas Freude und Leichtigkeit schenken möchte. Und wo wäre sie dringender nötig als im Angesicht des Todes, des endgültigen Verabschiedens?

Die Tochter überließ mir ein Foto ihrer Mutter für meine Arbeit. Für mich ist es wichtig zu wissen, für wen ich arbeite. Ich bemalte den Schrein, wie besprochen, mit Erdbeeren. Danach wurde er zum Bestatter vor Ort geschickt. Dort stand er dann, bis die Dame verstarb.

Wie ich später erfuhr, wurde Frau K. in ihrem Brautkleid beerdigt. Welch schöne Idee!

Möglicherweise ist ein Begräbnis unter Menschen ein Hochzeitsfest unter den Engeln.

Khalil Gibran

Kurze Zeit, nachdem der Schrein versandt worden war, erhielt ich ein Paket mit einer Flasche Schnaps und einem Begleitschreiben von Frau K. In dem Brief bedankte sie sich für die schöne Malerei und schrieb dazu: »Mit dieser Flasche Kartoffelschnaps, der hier in unserer Gegend gebrannt wird, sende ich ihnen Grüße von mir und der Erde, in der diese Kartoffeln gewachsen sind und in der ich bald ruhen werde.«

Die Begebenheit ist schon so viele Jahre her, doch bin ich immer noch tief bewegt, wenn ich daran zurückdenke. Frau K.'s Brief werde ich bis an mein eigenes Ende behalten. Er liegt in der Schachtel, in der ich alle Briefe, Postkarten und Fotos meiner Kunden aufbewahre. Den Kartoffelschnaps habe ich ihr zum Gedenken genossen.

Frau Margarete J., die ihren Schrein schon vor etwa sechs Jahren bekommen hat, sendet mir ihre Grüße jedes Jahr zu Ostern und zu Weihnachten auf selbst gebastelten Karten und beginnt immer mit dem gleichen Satz: »Lieber Herr Opiolka, ich lebe immer noch!«

Ist das nicht herzig, ist das nicht zum Knuddeln?

Sie sandte mir auch ein Foto von ihrem guten Stück. Ich habe schon im Kapitel »Malen nach Wunsch« darüber berichtet: Er steht in ihrem Wohnzimmer links neben dem Fernsehsessel und ist mit einer kleinen, geblümten Tischdecke abgedeckt, damit ihm nichts passiert. Und darauf hat sie das Telefon, ein kleines Büchlein und eine Vase mit frischen Blumen gestellt.

Ich hoffe, noch sehr lange Post von ihr zu erhalten. Frau J. nutzt ihren Sarg als Möbel gerade so, wie er eben war. Unter dem Tuch, der geblümten Tischdecke, sieht man ganz genau den Sarg hervorlugen.

So deutlich wollte eine andere Dame ihren Schrein nicht zeigen.

DER SCHRANKSARG

Eine etwa vierzig Jahre alte Frau mit einem ansteckenden Lachen und einem ausgeprägten Allgäuer Dialekt besuchte mich eines Tages in meinem Laden und wir führten sehr schnell ein angeregtes Gespräch.

Sie erzählte mir, dass sie sehr oft an meinem Geschäft vorbeifahren und jedes Mal hoffen würde, die Ampel bei Rot zu erwischen, um einen Blick in die Schaufenster werfen zu können. Weil das so selten geschähe, hätte sie sich heute die Zeit genommen, sich meine »Kisten« mal genauer und in aller Ruhe anzuschauen.

Im Gespräch wurde klar, dass sie gern solch einen Schrein für sich selbst haben wollte. Allerdings, so wandte sie ein, sei sie sehr jung und habe vor, noch recht lange zu leben. Während unserer Unterhaltung saßen wir in der Ausstellung zwischen all den bemalten Särgen und Urnen, tranken Tee und mehrere Espressi. Und plötzlich kam uns die Idee: ein Schrank!

Wir würden einen Schrank bauen, den meine Kundin später als Sarg verwenden könnte, oder besser einen Schrein, der, solange sie leben würde, als Schrank nutzbar wäre. Ich erinnere mich noch heute gern an diesen Tag, an dem die Idee zum Schranksarg mit viel Spaß und Lachen in meinem Atelier geboren wurde. Frau I. suchte sich einen Schreiner, entschied sich für Birkenholz und ließ mir ein paar Wochen später das gute Stück ins Atelier liefern: einen schönen, schlichten »Besenschrank«, wenn man nicht genau hinsah.

Allerdings war der »Schrank« nicht für Besen bestimmt. Frau I.'s Familie, ihr Mann und die zwei Kinder, fanden die Idee ebenfalls gut. Da im Haus der Familie sehr viele Kerzen und Duftöle Verwendung fanden, wurde dieses neue Möbel speziell dafür eingesetzt, die Öle und Kerzen, ihre Klangschalen und besondere Bücher zu beherbergen. Seitdem steht der innen und außen bemalte Schrein als Designermöbel im Wohnzimmer. Was mich damals an diesem amüsanten Nachmittag in meinem Ausstellungsraum ganz besonders beeindruckt hat, war die Aussage von Frau I.:

»Wenn ich einmal gehe, dann will ich keinesfalls in einer anonymen Kiste liegen, ohne zu wissen, woher sie kommt und wer daran gearbeitet hat. Ich will, dass mein Sarg mich sehr lange begleitet. Dass in seinem Holz (Birke steht u.a. für das Weibliche, für Wasser und Emotionen) alles gespeichert wird, was ich und meine Familie miteinander erlebt haben. So zum Beispiel schöne, gemeinsame Stunden mit meinem Mann, Weihnachten, Kindergeschrei, Streit, Gespräche, der Duft von Kuchen oder das Knistern vom Kaminfeuer ... Und wenn ich gestorben bin, möchte ich, dass ich gleich in diesen meinen Schrein gebettet werde, und dass alle Kerzen, die sich zu diesem Zeitpunkt darin befinden, angezündet werden. Dass sie rund um mich und mein schönes Möbel aufgestellt werden und so lange brennen, bis ich abgeholt werde.«

Was für eine schöne, tröstliche Vorstellung! Ihr Mann und die Kinder wissen also Bescheid, was im Falle ihres Todes zu tun ist.

Ich finde, dass ich durch meine Arbeit ganz besonders gesegnet bin, solche außergewöhnlichen Menschen kennenlernen zu durfen. Bis heute haben wir eine sehr innige Beziehung und lachen nach wie vor viel zusammen. Überhaupt bleiben sehr viele Beziehungen bestehen und gipfeln nicht selten in Freundschaften.

Ein Freund ist ein Mensch,
vor dem man laut denken kann.
Ralph Waldo Emerson

Eine schon sehr lange und tiefe Beziehung, ja Freundschaft, entwickelte sich aus dem tragischen Unfall einer jungen Frau, der Tochter eines heute mit mir befreundeten Paares. Der Tod des eigenen Kindes ist eine solche Ausnahmesituation, dass Menschen alle Masken in meinem Beisein fallen lassen, weil sie merken, wie unbedeutend sie in Wirklichkeit sind. Wenn man in solch einer Situation in der Lage ist, dies zu reflektieren, dann stehen sich manchmal zwei Menschen »nackt« gegenüber und erkennen einander. Sie spüren eine tiefe Sympathie und Zuneigung oder die »Verwandtschaft« der Seelen.

Dies ist mir schon mehrmals passiert. Vorher hätte ich mir niemals vorstellen können, was mir durch die Arbeit mit Tod und Abschied geschenkt wurde und immer noch wird. Ich bin zutiefst dankbar für diese Erfahrungen und für die Menschen, die mein Leben begleiten und bereichern. Eine andere, in ihrer Art ebenfalls sehr enge Beziehung, pflege ich schon seit Jahren zu einer sehr betagten Kundin, die mich vor mehreren Jahren in meiner Ausstellung besuchte. Es war Sympathie auf beiden Seiten. Wir sprachen oft und sehr offen über den Tod und philosophierten stundenlang. Und ich habe ihr versprochen, sie in ihrem »Wegwarten-Schrein« einzubetten. Sie möchte das von keinem Fremden machen lassen.

»Das ist versprochen, Frau H., vorausgesetzt, Sie sterben vor mir, was wir beide hoffen.«

Ja, es ist wirklich so. Und es ist nicht pietätlos, so zu sprechen oder zu denken. Für manche mag es schockierend sein, aber für uns beide ist das ganz normal, weil wir uns inzwischen gut kennen und beide davon überzeugt sind, dass es »da drüben« weitergeht. Frau H. leidet seit Jahren an einer scheinbar unheilbaren Krankheit. Ich hoffe, dass sie unter diesen Umständen bald gehen darf – oder aber Linderung ihrer Leiden erfährt, wenn nicht sogar auf »Wunder«same Weise Genesung.

DIE NACHT

Jeder von uns hat schon besondere Momente erlebt, die so einschneidend waren, dass man noch Jahre später genau weiß, wo und mit wem man in diesem Moment gerade was gemacht hat. Ich meine beispielsweise den 11. September, als der Anschlag auf die Twin Tower in New York verübt wurde, oder die Nachricht vom Mauerfall in Berlin oder die Meldung vom Tod von John Lennon. Das ist inzwischen fast vierzig Jahre her; doch weiß ich noch genau, wo ich gerade in meiner Wohnung stand und was ich machte.

Und so ähnlich erging es mir bei folgendem Erlebnis, das für mich immer noch sehr präsent ist:

Ich war auf dem Weg nach München zu einer Messe. Mein Auto war vollgeladen mit Kisten, Beleuchtung, Werkzeug, Prospekten und vielem anderen mehr, denn ich wollte meinen Stand aufbauen. Zwei Tage später sollte die Ausstellung beginnen.

Unterwegs erreichte mich ein Anruf auf dem Handy. Es meldete sich ein Mann mit einer sehr ruhigen und angenehmen Stimme. Er erkundigte sich nach meinen Schreinen und fragte dann, ob ich den Sarg seiner Frau bemalen könnte. Ich antwortete ihm, dass ich nur meine eigenen Modelle gestalten würde, aber er sollte mir doch eine Aufnahme von dem Sarg zukommen lassen, dann könnten wir uns darüber unterhalten. Am nächsten Nachmittag wäre ich wieder daheim.

Er wiederholte seine Frage und insistierte, ob ich denn nicht gleich, *heute noch*, den Sarg bemalen könnte.

Jetzt wurde ich hellhörig. Ich hielt an, denn das Gespräch erforderte meine ganze Aufmerksamkeit. Ob es denn gar so eilig wäre, wollte ich wissen.

»Ja, meine Frau ist gestern gestorben und wird morgen Nachmittag beerdigt. Können Sie bitte den Sarg für sie bemalen?«

»Jetzt noch einmal für mich zum Verständnis. Ihre Frau ist bereits gestorben und liegt schon in einem Sarg, den ich bis morgen bemalen soll. Verstehe ich das richtig?«, fragte ich ungläubig.

»Ja, sie liegt in der Leichenhalle auf dem Friedhof.«

Das Gespräch ging dann noch eine ganze Weile weiter, gab es doch einiges zu beachten und zu überlegen: Wer würde in München meinen Messestand aufbauen? Würde ich es überhaupt schaffen, in einer Nacht einen kompletten Sarg zu bemalen? Und das nicht in meinem Atelier, wo alles vorhanden und bereit war, was ich für die Arbeit brauchte. Sollte mir da auch nur eine Kleinigkeit fehlen, hatte ich in der Kürze der Zeit keine Möglichkeit, sie zu besorgen. Wo sollte ich eigentlich malen? In der Leichenhalle?

Heute bin ich mir nicht sicher, ob ich mich nochmals auf eine solche Geschichte einlassen würde, aber Herr G. bat mich mit einer Intensität in der Stimme, der ich einfach nachgeben musste.

Kopfschüttelnd über mich selbst wendete ich dann mein voll bepacktes Fahrzeug und fuhr wieder heim. Dort angekommen, lud ich das Auto aus, um dann gleich wieder Farben, Pinsel, Zeichenkohle, Beleuchtung, Räucherzeug, warme Pullover (zum Glück dachte ich daran!), Kaffeemaschine und so weiter einzuladen. Hoffentlich habe ich nichts vergessen, dachte ich und fuhr wieder los.

Es war schon später Nachmittag geworden, als mich auf dem Friedhof ein sehr sympathischer, übermüdet wirkender Mann in Birkenstocks empfing. Wir begrüßten uns kurz und er führte mich gleich in den kleinen Raum, in dem der Sarg mit dem Leichnam seiner Frau stand.

Es war kalt, düster und ein eigenartiger Geruch hing in der Luft.

Wir sprachen nochmals über das gewünschte Motiv: Nordseestrand, Dünen, Muscheln, Meer. Die Erinnerung an schöne, gemeinsam verbrachte Zeiten. Danach verabschiedeten wir uns und ich begann, mich für meine Arbeit und die Nacht einzurichten.

Doch zuerst begrüßte ich Frau G., stellte mich vor und bat auch um ihre Unterstützung in dieser wirklich außergewöhnlichen Situation. Dann zündete ich ein paar Kerzen an und räucherte den Raum mit einer Kräutermischung und Weihrauch. Zwischendurch schaltete ich immer wieder einmal kurz den Heizstrahler ein, weil der Raum gekühlt wurde und nicht zum Malen gedacht war.

Dann begann die wohl ungewöhnlichste Nacht meines Lebens.

Ich war allein mit einer mir unbekannten, am Vortag verstorbenen Frau in einem Leichenhaus und bemalte ihren Sarg. Dieser Raum hatte wahrscheinlich noch nie so viel Leben beherbergt wie eben in dieser Nacht. Da waren helle Strahler, viele bunte Farben, Pinsel, Rotwein, ein paar Bananen und Schokolade für den Notfall und meine Espressomaschine, einfach all das, was ich zum Leben und Arbeiten brauchte. Eine absolut skurrile Situation.

Verließ man den Raum, stand man in einem langen, gefliesten Gang. Da ging es an mehreren einzelnen »Appartements« vorbei, in denen wahrscheinlich ebenfalls gekühlte »Gäste« ruhten. Den Gang bin ich in jener Nacht ein paar Mal entlanggegangen, um frisches Wasser zu holen. Überall war ein eigenartiger Geruch wahrzunehmen, nicht schrecklich, aber eben ungewöhnlich.

Und es war wahrhaftig totenstill, die ganze Nacht! Kein Lichtschein von außen, kein Straßengeräusch, nichts!

Nur wir zwei ... oder doch noch ein paar mehr?

Ich war komplett abgeschlossen von der Außenwelt und auch tatsächlich eingeschlossen in diesem Gebäude, da kein zweiter Schlüssel zur Verfügung stand. Wenigstens hatte ich die Telefonnummer von einem Friedhofsmitarbeiter, der in der Nähe wohnte.

Erstaunlicherweise nahm ich in dieser Leichenhalle keine deutliche Präsenz von Verstorbenen wahr. Da hatte ich in meinem Laden schon viel intensivere Begegnungen gehabt. Vielleicht lag es auch daran, dass ich sehr konzentriert arbeitete, hatte ich doch nur diese Nacht und den darauffolgenden Morgen, um den Sarg fertigzustellen. Mittags sollte die Verstorbene beigesetzt werden.

Nach Tagesanbruch, als der Hausmeister die Türen öffnete, schob ich Frau G. in ihrem Sarg auf dem fahrbaren Gestell hinaus ins Freie – ich brauchte dringend frische Luft! Auf den kleinen Platz vor der Halle direkt neben dem Haupteingang zum Friedhof schien schon die Morgensonne. Es war ein unbeschreiblich schönes Gefühl, nach sechzehn Stunden aus dieser kalten Gruft in den Tag, in die Sonne zu treten. Es fühlte sich an wie meine eigene Auferstehung!

Die ersten Friedhofsbesucher schauten mich ungläubig an. Was macht denn der da? Ihre Blicke ließen mich mutmaßen, dass ich optisch wohl eher den Eindruck eines verirrten Zechers machte. Aber solch eine Nacht voller Anspannung und mit sechs oder acht Espressi hinterließ halt Spuren in meinem Gesicht.

Es war später Vormittag, als Herr G. kam. Ich säuberte gerade meine Pinsel. Sobald ich seinen Gesichtsausdruck beim Betrachten des bemalten Schreines sah, wusste ich, dass es gut gewesen war, mich auf diese schon fast absurde Angelegenheit eingelassen zu haben.

Diese Nacht ist ganz fest in meinem Gedächtnis eintätowiert und ich bin dankbar, sie erlebt zu haben.

Ich brauche solch eine Erfahrung allerdings nicht unbedingt noch einmal, aber es war gut so.

DER EISVERKÄUFER

Ich erlebe wirklich sehr viel mit meinen Kunden und manche Begebenheiten sind für Dritte oft nur schwer zu glauben. Aber als Künstler, der sich auf diese Thematik eingelassen hat, muss man beweglich sein, besonders in Ausnahmesituationen.

So erhielt ich vor etwa fünf Jahren den Anruf einer Dame mit einer sehr zarten Stimme. Sie hätte den Beitrag im Fernsehen über meine Schreine gesehen und es sei ihr größter Wunsch, einen Sarg von mir zu bekommen. Aber sie sei schon sehr krank. Wie schnell denn so ein Sarg bemalt wäre?

»Ja, nun«, sagte ich, »wenn Sie mir heute noch sagen, was Sie auf ihrem Schrein gemalt haben möchten, fange ich heute Abend schon mit den Vorarbeiten und dem Grundieren an. Und dann dauert es zwei bis drei Tage, bis ich ihn ausliefere.«

»Oh, das dauert mir zu lange, ich würde ihn ja noch gerne vorher sehen!«, erwiderte sie.

An solche Sätze werde ich mich wohl nie gewöhnen, sie treffen immer mitten in den Bauch!

Nach einem kurzen Moment der Sammlung fragte ich sie, welches Modell sie sich vorgestellt habe, und ob es auch denkbar wäre, einen fertigen Schrein aus meiner Ausstellung zu wählen. Sie könne dann gleich zu mir kommen und sich vor Ort das Passende aussuchen.

»Nun«, meinte sie, »ich würde liebend gerne zu Ihnen kommen, aber das schaffe ich nicht mehr. Ich komme vielleicht noch die Treppe hinunter, aber nicht mehr weiter.« Welche Särge ich denn dastehen hätte, fragte sie. Ich beschrieb ihr die damals in der Ausstellung zur Verfügung stehenden Modelle, so gut es ging. Bei zweien konnte sie sich vorstellen, dass sie ihr gefallen würden, aber welchen sollte sie nehmen?

Die Entscheidung war wirklich sehr schwierig, wenn man Motive und Farben nur geschildert bekam.

Kurzentschlossen und ohne nachzudenken, fragte ich die Frau, ob es ihr recht wäre, wenn ich die beiden in Frage kommenden Schreine ins Auto laden und sofort zu ihr bringen würde.

Sie war begeistert!

Und so ist es geschehen. Ich fuhr eine Stunde später beladen mit den zwei Särgen nach Kaufbeuren zu Frau A. Dort angekommen blieb ich vor einem Häuserblock mit drei Eingängen und jeweils sechs Parteien stehen. Insgeheim hatte ich auf ein kleines Haus möglichst mit eigener Garage zum Hineinfahren gehofft, aber nein, es war ein Mehrfamilienhaus. Gegenüber stand der eine Block in derselben Bauweise.

Die Frage war, wie ich die beiden Kisten alleine und möglichst unspektakulär in irgendeinen dieser Hauseingänge wuchten könnte.

In diesem Moment klingelte mein Handy. Frau A. war am Apparat.

»Schön, dass Sie so schnell gekommen sind! Ich habe Sie gesehen und komme zu Ihnen herunter. Aber es dauert eine Weile.«

Ich wartete. Nach einer Zeit, in der mir viel durch den Kopf ging, sah ich eine sehr krank aussehende, gebeugte Frau, gestützt von einer jüngeren, sehr angespannt wirkenden Dame auf mich zustolpern.

Es folgte eine kurze Begrüßung. Dann öffnete ich die Seitentüre meines Busses, damit die zwei übereinanderstehenden Sargmodelle zu sehen waren. Da Frau A. wirklich sehr schwach war und das Treppensteigen sie ermüdet hatte, musste sie sich schnell irgendwohin setzen. Am besten und von der Höhe für sie am einfachsten war es, sich direkt auf die Einstiegsstufe neben den Särgen niederzulassen. Wenn ich heute so zurückdenke, erscheint mir diese Situation absolut surreal.

Ich stand mit meinem Bus in einem Wohnviertel vor wahrscheinlich hundert Augenpaaren, die uns aus ihren Verstecken anblickten; eine todgeweihte Frau saß in der offenen Seitentür meines Busses und dahinter leuchteten zwei in satten Farben bemalte Särge. Es machte ein bisschen den Eindruck wie bei einem fahrenden Eisverkäufer.

Aber es war, wie es war, und es war gut so. Besonders für Frau A. Sie hat sich schnell für ein Modell entschieden und konnte ihren Sarg anfassen, angreifen, begreifen. Sie hat ihn im Original gesehen, nicht nur am Computer. Zwar nur von der einen Seite, aber in Anbetracht der Situation war sie damit zufrieden.

Wir sprachen miteinander, solange es ihre Kraft zuließ. Zum Abschied schenkte ich ihr einen kleinen, gehäkelten Schutzengel, den ich »zufällig« im Auto hatte. Das hat die alte Dame so ungemein gefreut, dass sie sich nochmals hinsetzte und mir gestand, sie hätte doch etwas Angst davor gehabt, alleine gehen zu müssen. Aber jetzt wäre sie ja nicht mehr alleine, jetzt wäre ihr Schutzengel bei ihr! Eigentlich wäre es an ihr gewesen, in dieser Situation zu weinen; doch ich war derjenige, der geheult hat.

Manche der Geschichten, über die ich in diesem Buch berichte, habe ich bislang noch niemandem erzählt, nicht einmal meiner Frau. Beim Erzählen fehlen mir oft die Worte. Schreiben fällt mir viel leichter, und es sieht niemand, dass ich bei der Erinnerung an diese Situationen wieder »unter Wasser« stehe.

Bei der Beerdigung von Frau A. konnte ich leider nicht dabei sein, aber sie hatte ja einen guten, gehäkelten Begleiter.

Wenn es machbar ist und ich eingeladen werde, versuche ich, an den Begräbnissen, für die ich Schreine oder Urnen geliefert habe, teilzunehmen. Für diese Gelegenheiten habe ich mir einen maigrünen Anzug nähen lassen. Wie ich an anderer Stelle schon erwähnt habe und wie es auch dem Titel meines Buches zu entnehmen ist, ordne ich dem Tod die Farbe Grün zu. Grün für die Hoffnung, grün für den Frühling, den Neubeginn, für das neue Wachstum.

Das ist meiner Meinung nach das, was den, der gerade stirbt, auf der »anderen Seite« erwartet.

Es ist immer wieder höchst interessant, wie sich dann bei einer Beisetzung alle Augen auf den Typ mit dem grünen Anzug richten. Und meistens dauert es keine halbe Stunde, bis der erste mich fragt, was es denn mit dem Aufzug (nicht Anzug!) auf sich hätte. Über diese Frage bin ich immer sehr froh, kann ich doch im Gespräch erklären, dass ich durch die Arbeit mit sterbenden Menschen und deren Angehörigen in den letzten Jahren viele Erfahrungen gesammelt habe und meine begründbaren Überzeugungen habe, dass Grün die Farbe des Todes ist.

Wenn ich nur die Möglichkeit bekomme, den Leuten meine Philosophie und meine Anschauung zu erklären, verstehen die meisten, worauf ich hinauswill, oder sie akzeptieren es zumindest. Das ist doch schon sehr gut.

Zu Beginn der Sargmalerei, in den Anfangsjahren, bezichtigte man mich wiederholt der Pietätlosigkeit und Gotteslästerung. Das habe ich bis heute nicht verstanden.

Können denn Blumen, Farben und Freudlinge, die Gott selbst erschaffen hat, für ihn eine Beleidigung sein?

ANGST VOR DEM TOD

Es kam schon häufiger vor, dass ein Paar im Auto vor der Galerie hielt und die Frau ausstieg, der Mann aber weiterfuhr. Auf meine Frage, ob denn der Gatte wichtige Termine habe, erhielt ich meistens die Antwort: »Der kann keine Särge sehen.«

Wie kann es sein, dass sich diese Männer Horrorfilme und die schlimmsten Dokumentationen aus Kriegsgebieten anschauen, aber andererseits den Anblick eines Sarges nicht ertragen?

Mag sein, dass es an unserer Erziehung liegt. Frauen waren, nicht nur in unserem Kulturkreis, schon immer zuständig, wenn es um die beiden entscheidenden Momente des irdischen Daseins geht: das Kommen und das Gehen. Da sind Männer offenbar ungeeignet. Unsere Spezies ist wahrscheinlich viel zu empfindlich und zu weich unter der dicken, behaarten Schale. Frauen halten auch mehr Schmerzen aus, beispielsweise bei einer Geburt. Ich bin Vater von drei Kindern. Bei zweien von ihnen war ich bei der Geburt dabei. Für mich war es schon kaum auszuhalten, nur anwesend zu sein. Und meine damalige Frau musste die Geburten physisch durchstehen. Für mich war es nur schrecklich! Nie wieder!

Deshalb wundert es mich nicht, dass fast neunzig Prozent meiner Kunden Frauen sind – zumindest, wenn es um Schreine geht. Mir persönlich hat die Arbeit mit den Schreinen sehr geholfen, meine Angst vor dem Tod zu wandeln – in Neugier, würde ich sagen. Ich hatte in diesem Zusammenhang schon so viele und so schöne Erlebnisse, hörte so ergreifende Berichte von Angehörigen und las auch sehr glaubwürdige und berührende Geschichten darüber, dass ganz automatisch mit der Zeit die Angst der Neugier wich. Bin ich selbst doch meinem Vater in der polnischen Kirche begegnet, Jahre nach seinem Tod – real, er war da! Und er wirkte zufrieden und glücklich.

Ich höre von ähnlichen Begebenheiten von vielen Menschen aus den unterschiedlichsten Schichten und jeden Alters. Sie erleben sie dauernd und überall; nur trauen sich viele nicht, darüber zu sprechen. Man wird doch sehr schnell als »Spinner« abgestempelt.

Es ist ja normal, dass Menschen Angst vor Unbekanntem haben, Angst vor Veränderung. Aber die Angst, die nun einmal da ist, sei sie begründet oder nicht, kann nur besiegt werden, indem man das, wovor man Angst hat, kennenlernt.

Denn was ich kennengelernt habe, ist mir nicht mehr unbekannt. Und vor Dingen, die ich kenne, brauche ich meist keine Angst mehr zu haben.

So traf ich auf einem Palliativkongress eine junge Frau, die vor meinem ausgestellten Schrein stand und ihn ganz zaghaft berührte. Wir kamen ins Gespräch und sie gestand mir, dass sie seit Kurzem ehrenamtlich in der Hospizarbeit tätig sei, weil die Angst vor dem Tod sie manchmal fast lähmen würde. Sie wüsste nicht, woher das käme, aber es würde immer schlimmer. So habe sie beschlossen, in die Offensive zu gehen, in der Hoffnung, die Angst zu verlieren. Noch würde sie in der Verwaltung mitarbeiten, noch sei sie nicht so weit, zu den Menschen zu gehen.

Aber ich bin sicher, dass sie auf dem besten Wege war. Auf dem besten Weg für sich selbst, um ein Leben ohne die ständige Angst im Nacken leben zu können. Sie wird den Menschen, die sie einmal begleiten wird, eine große Hilfe sein, weil sie in der Lage ist, ihre Angst zu verstehen. Viel Glück und viel Freude bei diesem mutigen Schritt!

Ich habe schon mehrmals auf Palliativkongressen meine Schreine ausgestellt, da ich hier die Menschen treffe, die direkt »am Brandherd« arbeiten und helfen. Die zum richtigen Zeitpunkt mit den Betroffenen über alternative Möglichkeiten der Verabschiedung sprechen. Es erstaunt mich immer wieder, wie viele meiner Mitmenschen jeden Alters sich, meist ehrenamtlich, in der Palliativarbeit engagieren, ob im Verbund oder privat beim Nachbarn, der auf Pflege angewiesen ist.

In diesem Zusammenhang kann ich folgende Geschichte erzählen:

Ein ganz besonders netter Kunde, ein ehemaliger Bankfachmann, der sehr dankbar war für das Leben, das er führen durfte und darf, besuchte zweimal in der Woche zwei Personen im Altenheim, um auf diesem Wege etwas Gutes zurückzugeben. Einfach nur zum Unterhalten, zum Spazierengehen, zum Dasein. Vor etwa zwei Jahren erkrankte ein guter Freund von ihm schwer und wurde pflegebedürftig. Daraufhin haben Herr K. und zwei weitere Freunde des erkrankten Mannes sich untereinander die Woche so eingeteilt, dass jeweils einer von ihnen am Vormittag bei ihm ist. So kann die Frau des Erkrankten in dieser Zeit ihren Geschäften und den alltäglichen Dingen nachgehen.

Ist so etwas nicht ermutigend?

Die Welt ist voller solch wunderbarer Menschen, man trifft sie überall! Aber sie fallen nicht so auf, weil es eher die Leisen sind, die ihr Tun nicht hinausposaunen.

Warum haben wir Menschen denn überhaupt so viel Angst vor dem Tod? Manche sagen, dass es eine jedem Menschen und allen Lebewesen innewohnende, angeborene Angst sei.

Aber gibt es nicht auch Menschen, die absolut angstfrei sterben? Viele tibetische Mönche arbeiten ihr ganzes Leben lang auf diesen Augenblick hin. Nicht, dass sie nicht gerne leben, aber sie setzen sich mit ihrem Übergang in eine andere Dimension so stark auseinander, dass es zu etwas Alltäglichem wird. Und so verschwindet die Angst. Also ist die Angst wahrscheinlich nicht angeboren, sondern eher kollektiv übernommen?

Dinge, die man übernimmt, kann man auch wieder abgeben, wenn man will. Haben es diejenigen, die wissen, dass es ein anderes Leben nach dem diesseitigen gibt, leichter, von dieser Welt zu scheiden?

Der Strom

Ein Strom wollte durch die Wüste zum Meer. Doch so schnell er auch durch den Sand fließen mochte, seine Wasser wurden dabei aufgesogen und verschwanden. Da hörte er eine Stimme, die aus der Wüste kam und sagte:

»Der Wind durchquert die Wüste, und der Strom kann es auch. Du musst dem Wind erlauben, dich zu deinem Bestimmungsort hinüberzutragen.«

»Aber wie sollte das zugehen?«

»Indem du dich von ihm aufnehmen lässt.«

»Aber kann ich nicht derselbe Fluss bleiben, der ich jetzt bin?«

»In keinem Fall kannst du bleiben, was du bist«, flüsterte die geheimnisvolle Stimme.

»Was wahrhaft wesentlich an dir ist, wird fortgetragen und bildet wieder einen Strom.«

Und der Fluss ließ seinen Dunst aufsteigen in die Arme des Windes, der ihn willkommen hieß, sachte und leicht aufwärts trug und ihn, sobald sie den Gipfel des Gebirges erreicht hatten, wieder sanft herabfallen ließ. Schöner und frischer als je zuvor.

Weisheit der Sufi

Wenn man keine Vision, keine Vorstellung davon hat, was passiert, wenn der Körper einmal nicht mehr funktioniert und vergeht, verbrannt wird, was ist dann?

Wer bin ich dann?

Wer oder was ist diese Energie, die mich im Diesseits dauernd auf 37° Grad aufheizt?

Was ist das für eine Energie, die Gefühle erzeugt, die mich Liebe und Traurigkeit spüren lässt?

Was ist das für eine Energie, die sich damals eingefunden hat, als ich mit meiner Frau unsere Kinder zeugte? Damals trafen sich ein Samen und ein Ei. Sie fanden sich sympathisch, vereinigten sich und warteten, bis sich ein göttlicher Funke blicken ließ, was in unserem Falle nicht lange gedauert hat, und der dann sagte: »Lasst mich in eurem Bunde sein der Dritte« (frei nach Friedrich Schiller).

Und wohin geht dann dieser Funke, wenn die Materie, die aus Ei und Samen gewachsen ist, das Leben verliert und verrottet?

Geht er zurück in den Himmel? In ein Jenseits? Nachdem, was ich durch meine Arbeit erfahren, gehört und gelesen habe, glaube ich, dass das Jenseits, so, wie wir es verstehen, gar nicht so anders sein kann wie das Diesseits.

Ich stelle mir das in etwa so vor, wie im nachfolgenden Kapitel beschrieben.

DAS DOPPELHAUS

Eine weite Landschaft, ein riesiger, sanft abfallender, mit Blumen übersäter grüner Hang, auf dem in einem gewissen Abstand zwei Häuser stehen.

Das eine befindet sich ganz oben auf dem Berg. Ein gigantischer, weiß strahlender Palast mit unzähligen Fenstern, Erkern und Eingängen, mächtig und schön. Da wohnen der Chef und seine engsten Mitarbeiter. Das ist die Zentrale, sozusagen das Universum. Von hier aus wird alles geregelt, was jemals war, ist und je sein wird.

Darunter, in einiger Entfernung, ohne ausgebaute Straßen und Wege, mit dem Palast nur durch einen schmalen, gewundenen Pfad verbunden, steht das zweite Haus.

Es ist ein Doppelhaus mit zwei identischen Seiten. Links wohnt Familie Diesseits, rechts wohnt Familie Jenseits. Das Haus ist mittig getrennt durch eine Art »Brandmauer«. Sie besteht aus einseitig verspiegeltem Glas. So kann Familie Diesseits nicht zu Familie Jenseits schauen, aber Familie Jenseits sieht alles, was Familie Diesseits so macht. Beide Familien haben Kinder, die, wie die meisten, sehr vorwitzig sind.

Eines Tages spielt der kleine Junge von den Diesseits unbeaufsichtigt im Keller und findet einen schmalen Spalt in der Wand. Die

Neugier treibt ihn, durch den Spalt zu kriechen, und plötzlich ist er weg. Bei den Diesseits bricht »die Welt« zusammen. »Wo ist mein Junge? Mein Junge ist nicht mehr da!« Lautes Wehklagen in der einen Haushälfte.

Derweil geht im Haus der Jenseits die Tochter die Kellertreppe hinunter, um Getränke zu holen, als sie den Junior von nebenan entdeckt.

»Hallo, Paul, wie kommst du denn zu uns? Bist du ausgerissen?«

»Nein, ich bin durch den Spalt gefallen. Aber wer bist du denn?«

»Ich bin Jutta Jenseits, deine Nachbarin.«

»Nachbarin? Ich dachte mir doch schon immer, dass da neben uns jemand wohnt!«, denkt Paul.

»Komm rauf zu meiner Familie, die wird sich freuen«, sagt Jutta.

Sie steigen die Treppe hinauf und kommen in ein riesengroßes Wohnzimmer. Es ist alles so anders als bei Paul daheim, aber trotzdem kommt es ihm seltsam bekannt vor.

»Hallo, Paul!«, hört er eine laute Stimme rufen. »Schön, dass du bei uns bist, komm rein und sei willkommen.« Vater Jenseits spricht, ein stattlicher, hoch gewachsener Mann mit Brille und rötlichem Vollbart. Neben ihm stehen seine zierliche, in Hellblau gekleidete Frau und ein kleiner Junge, etwa in Pauls Alter. Alle begrüßen ihn wie einen alten Freund und laden ihn ein, sich mit an den gedeckten Tisch zu setzen. Es gibt Milch, Butterkuchen und heiße Schokolade. Paul sieht sich langsam in dem großen Raum um und sein Blick bleibt an der einen Zimmerwand hängen. Sie scheint durchsichtig zu sein, denn er erkennt auf der anderen Seite seine Eltern und Geschwister. Mutter weint fürchterlich. »Warum weint denn meine Mutter so?«, fragt Paul.

»Weil sie denkt, dass du tot bist«, antwortet Vater Jenseits.

»Aber ich bin doch nur nebenan und es geht mir gut.«

»Ja, aber sie kann dich nicht mehr sehen, nicht mehr anfassen, in den Arm nehmen, küssen.«

»Das konnte sie auch nicht, als ich letztes Jahr zwei Wochen im Landschulheim war. Und da hat sie nicht so geweint.«

Aus der Küche hört man die energische Stimme von Mutter Jenseits: »Nein, das machst du nicht!«

»Ich will aber, ich will, ich will!«

»Schluss jetzt, basta!«

Mutter Jenseits kommt aus der Küche und ihr Sohn stampft bockig die Treppe hinunter. Unten knallt die Tür zu.

Rumms!

»Jan wollte unbedingt, dass ich ihm heute Zöpfe flechte und zudem wollte er gerade das neue Kleid seiner Schwester abschneiden, damit es ihm nicht zu lang ist. Hab ihn gerade noch mit der Schere erwischt«, erzählt Mutter Jenseits lachend.

Vater Jenseits lacht auch: »Ja, spinnt der?«

Mutter Jenseits erwidert: »Er wollte halt wissen, wie es ist, ein Mädchen zu sein. Junge sein wäre doof, sagte er zu mir.«

Derweil hat Paul gerade das dritte Stück von dem himmlischen Butterkuchen gegessen, als er wieder durch die gläserne Wand in sein Elternhaus schaut. Alles scheint etwas verändert zu sein. Seine Mutter weint nicht mehr und wirkt viel älter. Seine Schwester ist viel größer und ... dicker! Wow, hat die aber einen Bauch! Er sieht seine Mutter den dicken Bauch streicheln und wie sie dabei ein wenig lächelt. Paul freut sich, dass es Mama wieder besser geht.

Eine Weile später fragt Jutta, Jans große Schwester, wo der Bruder denn sei?

Vater und Mutter Jenseits sehen sich kurz an, lächeln und sagen: »Dein Bruder, oder besser gesagt, jetzt deine Schwester, ist zu Nachbars, zur Familie Diesseits, ausgebüxt! Er wollte doch unbedingt wissen, wie es sich anfühlt, ein Mädchen zu sein. Aber keine Sorge, es ist gut für ihn, diese Erfahrung zu machen.«

Paul sitzt mit weit offenem Mund da und kann nicht so richtig begreifen, was gerade passiert.

»Schau mal, Paul«, sagt Vater Jenseits mit beruhigender Stimme, »du hast dich, von deiner Neugier getrieben, durch den Spalt gezwängt und bist bei uns im Jenseits gelandet. Du bist bei uns immer herzlich willkommen, wir haben uns über dein Kommen sehr gefreut! Und Jan wollte unbedingt wissen, wie es ist, ein Mädchen zu sein. Seine Seele ist in dem Kind, das im Bauch deiner Schwester heranwächst. Sie wird ein Mädchen zur Welt bringen. Und eines Tages wirst auch du wieder einen Wunsch verspüren oder eine Aufgabe finden, die du im Diesseits verwirklichen oder erledigen möchtest. Es ist nicht unsere Aufgabe, immer nur hier am gedeckten Kuchentisch herumzusitzen. Wir haben viel zu lernen in unseren Leben.«

So in etwa ist meine Vorstellung von »Hier« und »Dort«, von »Diesseits« und vom »Jenseits«.

Sie können nicht sehr weit voneinander entfernt sein, wenn es manchmal so einfach zu sein scheint, mit »Nachbars« in Kontakt zu treten.

Es gibt Menschen, die kommunizieren regelmäßig mit Verstorbenen, oder wir sehen sie in unseren Träumen (in denen wir fremde Sphären durchstreifen). Oder es geschieht in der Kirche, wie ich es mit meinem Vater erlebt habe.

Vielleicht erhalten wir auch eindeutige Zeichen, wie bei einer Kundin aus Landsberg geschehen:

Ein Mädchen, sie muss etwa vierzehn Jahre alt gewesen sein, war bei einem Unfall gestorben.

Ihre Tante kannte den Sargladen und so bestellte die Familie des Kindes den Schrein »Mein eigener«. Dieses Modell ist über und über mit großen, fliegenden und tanzenden Freudlingen bemalt, viele flatternde Falter auf grüngelbem Hintergrund. Am späten Abend des Tages, an dem das Mädchen beerdigt worden war, rief mich die Tante ganz aufgelöst an. Es war kurz vor Mitternacht. Sie entschuldigte sich weinend am Telefon wegen der Uhrzeit, aber ich wäre momentan wahrscheinlich der Einzige, dem sie erzählen könnte, was sie kurz vorher erlebt hatte. Sie müsste unbedingt mit jemandem darüber sprechen.

So erzählte sie mir Folgendes: »Die Beisetzung war vorbei. Wir aßen gemeinsam zu Abend und saßen noch lange im Kreise der Familie und Freunde zusammen. Den Schrein mit den Freudlingen fand jeder absolut passend für meine Nichte. Gegen 23 Uhr gingen wir alle heim. Endlich zu Hause angekommen, sperrte ich meine Wohnung auf«, so fuhr sie fort zu erzählen, »in der mich normalerweise sofort meine beiden Katzen begrüßen. Aber heute war keine von ihnen zu sehen. Ich rief nach ihnen. Nichts. Ich ging ins Wohnzimmer und sah die beiden gebannt auf etwas an der Balkontür lauern, etwas für mich nicht Sichtbares. Sie ignorierten mich total. Neugierig ging ich hinüber und konnte es nicht fassen. Unten auf dem Glasabsatz saß ein Schmetterling, ein Tagpfauenauge! Verstehen Sie das? Es ist Januar! Und noch etwas: Meine Katzen haben ihm nichts zuleide getan. In unserer Wohnung überlebt sonst keine Fliege. Die Katzen fangen alles, was sich bewegt.« Und wieder weinte sie, aber diesmal klang ein glückliches Lachen darin mit.

»Glauben Sie auch, dass das meine Nichte war, dass sie mir den Schmetterling geschickt hat?«, fragte sie.

Ja, ich bin mir dessen ganz sicher, dass die Tante das Zeichen richtig gedeutet hat. Es war bestimmt ein Gruß ihrer Nichte.

Eine gute Freundin erzählte uns schon öfter von einem »nachtwandelnden Besuch« in ihrem Schlafzimmer.

Sie kennt den Besucher zwar nicht, fühlt sich aber in keiner Weise von ihm bedroht und akzeptiert ihn sozusagen als »Untermieter«.

Als sie ihren jetzigen Mann kennenlernte, vergaß sie, ihm darüber zu berichten. Jung und verliebt spricht man nicht unbedingt über »herumgeisternde Untermieter im Schlafzimmer«. Eines Nachts wachte ihr neuer Partner auf. Als er in der Dunkelheit die Augen öffnete, stockte ihm das Blut in den Adern und er war zu keiner Regung mehr fähig.

Da lief gerade ein alter Mann durch den Raum! Irgendwie musste seine neben ihm liegende Freundin etwas gemerkt haben; denn sie schlug die Augen auf, sah ihren erstarrten Freund neben sich und meinte nur: »Keine Bange, der wohnt auch hier.«

Und von da ab lebten sie »zu dritt« in der Wohnung.

Solche Erlebnisse bestätigen mich in meiner Überzeugung, dass der Schritt von »Hier« nach »Dort« nur sehr klein sein kann, wenn es überhaupt ein »Drüben« gibt.

Vielleicht findet alles im »Hier« statt; nur sind die meisten von uns nicht in der Lage, mit unseren eingeschränkten Sinnen Feinstoffliches zu erkennen. Und somit nehmen wir nicht wahr, was rund um uns noch geschieht.

Möglicherweise sind das Jenseits und das Diesseits ein und derselbe Ort. Es gibt lediglich zweierlei Bewohner: die einen, die in ästhetisch wunderschöne, aber eher »grob gehäkelte Fleischanzüge« gepresst sind, und diejenigen, die ohne physischen »Anzug« am gleichen Ort leben.

Können Sie zum Beispiel Radiowellen sehen? Nein, aber trotzdem sind sie da und wir nutzen diese Energie ganz selbstverständlich. Der Mensch hat das Radio erfunden und kann damit diese Wellen, diese unsichtbare Energie, hörbar machen. Ähnlich verhält es sich mit dem Fernseher. Da wird um uns herum existierende Energie gewandelt und sichtbar gemacht.

Wir haben zwar von Gott einen »Wunder«vollen Körper erhalten, der präzise funktioniert, aber eben für Erfahrungen auf der Erde gemacht ist. Um sich in der Metaebene zu bewegen, müssen wir unseren »Anzug« verlassen. Und genau das machen wir, und zwar öfter, als wir vielleicht glauben.

Im Schlaf verlassen wir immer wieder unseren physischen Körper und gehen auf Astralreisen. Sehr viele Menschen haben solche Erfahrungen schon gemacht, besonders bei Nahtoderfahrungen, aber auch ganz unspektakulär nachts im Bett. Man nimmt sich selbst in einer anderen Umgebung wahr oder sieht sich irgendwo im Zimmer stehen oder schweben.

Der Schlaf wird auch als »kleiner Bruder des Todes« bezeichnet, da wir wahrscheinlich den gleichen Weg gehen wie im Moment des Sterbens. Lediglich sind wir im Normalfall mit einem Energiefaden mit unserem schlafenden Körper verbunden, gleich der Nabelschnur. Wird nun diese »Nabelschnur« getrennt, verlassen wir unsere körperliche Hülle und unser Körper stirbt.

Wenn wir ernsthaft daran interessiert sind, unsere Angst vor dem Tod zu verlieren, bieten sich fast täglich Möglichkeiten, daran zu arbeiten, die Angst zu wandeln und an diesen Erfahrungen zu wachsen.

Sprechen Sie offen mit anderen Menschen über Ihre Angst. Fragen Sie nach entsprechender Literatur über Sterbeforschung oder Nahtoderfahrungen. Es gibt sie in großer Auswahl. Für mich war die Lektüre sehr interessant und bereichernd.

EIN GÄNSEBLÜMCHENSARG FÜR MUTTER

Ich bekam einen Anruf von einer alten Dame mit einer schon sehr brüchigen Stimme. Sie war froh, mich gleich am Hörer zu haben, und gab einen Sarg für sich in Auftrag, gerade so, wie andere beim Bäcker einen Zopf fürs Wochenende bestellen. Als Motiv wünschte sie sich Gänseblümchen, die hätte sie schon als Kind so gerne gepflückt, und sie liebte sie immer noch.

Ich versicherte ihr, dass dies natürlich machbar wäre. Sie fragte nach dem Preis und dann verabschiedete sie sich von mir mit den Worten: »Meine Tochter meldet sich dann bei Ihnen. Sie macht das für mich.«

Es verging eine Woche, dann ein Monat, ein Jahr, und niemand meldete sich bei mir.

Die Dame wohnte in einer nahegelegenen Gemeinde und so erfuhr ich eines Tages, dass sie schon bald nach unserem Telefonat gestorben war, und dass die Töchter einfach nicht den Mut gehabt hatten, ihre Mutter in einem Gänseblümchensarg zu beerdigen. Vielleicht war es ihnen peinlich?

So etwas muss man akzeptieren, auch wenn es der Wunsch der Mutter war. Ich finde, dass die Anliegen der Hinterbliebenen genauso so wichtig und ernst zu nehmen sind wie die Wünsche des Verstorbenen. Das muss man für sich selber abwägen.

Ein ähnliches Beispiel aus unserem Bekanntenkreis:

Der Vater ist nach langer Krankheit gestorben. Es war vor seinem Tod noch genügend Zeit, um über alles zu sprechen, auch darüber, ob es eine Erd- oder eine Feuerbestattung werden sollte. Der Vater und die Familie entschieden sich für die Kremierung. Der Mann starb und plötzlich konnte die Tochter den Gedanken nicht mehr ertragen, ihren Vater in einer kleinen Kapsel zu Grabe zu geleiten. Es war für sie nicht mehr stimmig. Sie hatte heftige Probleme damit, sich diesen großen Menschen in der kleinen Dose vorzustellen.

Die Ehefrau des Verstorbenen reagierte schnell zum Wohle ihrer Tochter und die Kremierung wurde storniert. Ein normales Grab wurde ausgehoben und damit ging es der jungen Frau deutlich besser. Sie wusste ihren Vater so im Grab liegend, wie er in ihrer Erinnerung gelebt hatte.

Auch das kann passieren. Manches, das man im Vorfeld mit dem Kopf entscheidet, ist dann »live« ganz anders.

Mancher wird vielleicht einwenden, dass der Wunsch des Verstorbenen unbedingt zu respektieren sei. Das mag auch grundsätzlich stimmen. Doch in diesem Fall bin ich der Meinung, dass der Verstorbene auf seinem Weg in seine Dimension ist, seine Tochter aber hier noch zu leben hat und mit ihrem Leben fertig werden muss. Und wenn sie eben einen Sarg und ein richtiges Grab braucht, um den Tod des Vaters besser zu verkraften, dann ist es eben so, und es ist gut so.

Ein drittes Erlebnis:

Eine Frau stand leise weinend in meiner Ausstellung vor dem Sonnenblumenschrein. Sie entschuldigte sich und sagte, es wäre alles noch so frisch. Ihr Bruder war erst kürzlich gestorben. Gott sei Dank hatten sie noch genug Zeit gehabt, um mit ihm alles zu regeln und zu besprechen. So war nach seinem Wunsch auch ein ganz einfacher, günstiger Sarg gewählt worden, da er verbrannt werden wollte. Der Bruder starb, der Sarg war bestellt und am nächsten Tag kamen die Schwester und die gesamte Familie des Verstorbenen zum Bestatter, um sich von ihrem Verstorbenen zu verabschieden. An diesem Tag konnten auch alle Freunde, Nachbarn und Kollegen ein letztes Mal am Sarg Abschied nehmen.

Als besagte Dame damals in den Verabschiedungsraum trat, in dem der Verstorbene aufgebahrt lag und ihren Bruder in einer minderwertigen, einfachen Holzkiste sah, sind bei ihr, wie sie sagte »die Sicherungen durchgebrannt«. Sie konnte diesen Anblick nicht ertragen.

Sie ging sofort zum Blumenhändler nebenan und ließ die komplette Kiste mit Sonnenblumen schmücken und überdecken.

Gut, dass sie gehandelt hat! Ansonsten hätte sie ein Leben lang dieses erschreckende Bild von der lausigen Transportkiste mit dem Leichnam ihres Bruders im Gedächtnis behalten. Jetzt sind es die Sonnenblumen, die sie an ihn erinnern. Und die Blumen schenkten an diesem Tag auch den anderen Besuchern ein schönes letztes Bild.

Natürlich ist es wenig sinnvoll, einen geschmackvollen, hochwertigen Sarg zu wählen, wenn der Leichnam direkt vom Krankenhaus ins nächste Krematorium gebracht wird und die Verabschiedung danach an der Urne stattfindet.

Ich möchte nochmals betonen: Der Aufwand, den man in solch einer Situation macht, ist nicht nur für den Verstorbenen bestimmt. Es ist wesentlich, welches Bild wir, die Hinterbliebenen, in unserer Erinnerung behalten und in uns tragen.

Wird ein Mensch in einer Urne verabschiedet, sollte man diese so schön und freundlich wie möglich gestalten. Eine dunkelgraue Blechdose nährt unseren Schmerz eher zusätzlich. Findet die Verabschiedung an einem offenen Sarg statt, im wahrsten Sinne zum Begreifen, sollte der Sarg natürlich besonders schön wie ein Schmuckkästchen gestaltet sein. Es braucht mehr Mut, den toten Menschen in voller Größe vor sich liegend zu verabschieden, ihn das letzte Mal zu sehen, zu streicheln, anzufassen, den kalten Körper zu spüren. Aber nur so begreifen wir wirklich das Ende.

Besonders für Kinder wäre es sehr hilfreich und wichtig, diese Erfahrung machen zu dürfen. Die meisten Kinder reagieren erstaunlicherweise sehr viel offener als viele Erwachsene, die vor Furcht oft unfähig sind zu agieren. Natürlich schmerzt auch solch ein Abschied, es ist aber mit Sicherheit ein heilender Schmerz, der bald ein normales Weiterleben erlaubt.

Doch möchte ich Ihnen auch den Einwand eines Bestatters, mit dem ich gerne zusammenarbeite, nicht vorenthalten. Er sagte, dass es von den Umständen und Gegebenheiten abhängig gemacht werden sollte, ob eine offene Verabschiedung überhaupt möglich sei. Entscheidend ist der Zustand des Leichnams, dessen fortschreitender Verfall von Mensch zu Mensch sehr individuell sein kann. Hinzu kommt die Witterung oder ob der Bestatter eine transportable Kühlung anbieten kann. Sprechen Sie offen mit ihm, und er wird Sie bestimmt gut beraten. Aber folgen Sie auch ihrem Bauchgefühl.

Der Abschied an der Urne scheint im ersten Moment der einfachere Weg zu sein, der etwas abstraktere. Die emotionale Distanz zu dieser Blechkapsel ist so groß, dass es uns einfacher und weniger schmerzlich erscheinen mag. So, als ob ich nur ein Bild des Verstorbenen beim Verabschieden aufstellen würde. Wohingegen ein Leichnam zu einhundert Prozent »da« ist.

Wir haben zum Beispiel einen 190 cm großen Mann mit 90 kg Gewicht in Erinnerung, und dann steht da plötzlich ein kleines Gefäß, etwa 20 x 20 x 30 cm vor uns. Da soll dieser Mensch jetzt drin sein?

Das ist für unsere Synapsen nur sehr schwer nachvollziehbar. Wir müssen es einfach glauben.

Aber können wir es fühlen, haben wir es gesehen und begriffen?

Noch viel weniger nachvollziehbar ist es, so meine ich, für Kinder.

Es mag sein, dass das Begreifen für eine Handvoll Personen, die vielleicht begleitend am Bett standen, als die Person verstarb, dort stattgefunden hat. Aber für all die anderen, die weitere Familie, die Freunde, die Nachbarn, für die fehlt ein Stück des Filmes. Zwischen dem letzten Mal sehen und einer Blechdose ist ein schwarzes Loch, oder? Und das ist oft sehr schwer zu ertragen.

Man kann es nicht begreifen: Stimmt das überhaupt, ist er wirklich tot?

Ist das nicht so ein klein wenig vergleichbar mit einem verschollenen Kind? Die Eltern wissen oft über viele Jahre nicht, wo es ist, ob es lebt. Ein klein wenig Hoffnung bleibt ja immer.

Erst wenn irgendwann durch Zufall der Leichnam gefunden wird, erst dann kann der echte und heilende Trauerprozess beginnen. Die Jahre davor waren nur Zermürbung. Die Qual der Ungewissheit ist mit Sicherheit weitaus schlimmer und vor allem nicht heilend, ganz im Gegenteil. Klärend und begreifbar dagegen ist der etwas schmerzlichere Abschied von einem kalten, toten Menschen am offenen Sarg.

Dazu im nächsten Kapitel eine Geschichte, eine Idee, wie man zumindest, wenn es anders nicht geht, eine Zwischenlösung anbieten kann.

FRANKS BRIEFKASTEN

Im Februar 2014 starb Frank, einer meiner besten Freunde, im Alter von zweiundfünfzig Jahren bei einer Herztransplantation. Er war ein optimaler Patient, hatte optimale Werte, ein optimales Spenderherz war gefunden – und jetzt ist er tot.

Die letzten Stunden vor seiner OP verbrachte ich zusammen mit seiner Frau an seinem Bett. Als es endlich kurz vor Mitternacht soweit war, wir warteten damals stundenlang, fuhr man Frank hinaus in den OP-Saal. Ein letztes Lächeln, ein Händedruck, ein unbeholfener Scherz, das war's.

Dieses Bild habe ich noch immer vor Augen. Ich hatte damals, nach der missglückten Operation, keine Gelegenheit mehr, meinen Freund noch mal zu sehen.

Frank stammte aus Berlin, wohnte im Allgäu und war beruflich in der ganzen Republik und Österreich unterwegs. Daher pflegte er überall verstreut zahlreiche Freundschaften. So war es damals, als Frank unerwartet starb, wegen der Entfernung den meisten seiner Freunde nicht möglich, sich innerhalb von ein paar Tagen von ihm zu verabschieden. Nach Absprache mit dem Bestatter legten wir Frank deshalb »auf Eis«, bis wir den passenden Termin für die Abschiedsfeier gefunden hatten. Dies dauerte fast zwei Wochen. Doch uns war es wichtig, dass sich alle von ihrem Freund, Mann,

Vater, Bruder und Sohn in seinem Schrein in seiner vollen Größe verabschieden konnten.

So, wie wir ihn gekannt hatten; denn so war es einfacher, sich vorzustellen, dass Franks Körper tatsächlich im Sarg lag. Auch wenn der Sarg nach 14 Tagen nicht mehr geöffnet werden konnte.

Viele der Trauernden kamen von sehr weit her, um Frank auf seinem letzten Weg zu begleiten. Ich wollte ihnen und der ganzen Familie die Möglichkeit anbieten, Frank etwas Persönliches mit auf die Reise zu geben. So ließ ich vom Schreiner einen Schlitz in den Sarg fräsen und die passende Klappe dazu, sozusagen einen Sargbriefkasten.

Wir informierten im Voraus alle geladenen Gäste darüber, dass wir jedem ermöglichen wollten, Frank noch einen Brief zu schreiben und die Dinge, die nicht mehr gesagt werden konnten, einem Blatt Papier anzuvertrauen. Sie konnten auch etwas Kleines als Grabbeigabe einwerfen oder mit vorbereiteten Stiften ein paar liebe Worte auf den Sargdeckel schreiben.

Das Wichtigste an dieser Zeremonie war jedoch in meinen Augen, dass jeder an den Schrein herantreten, ihn anfassen, berühren, angreifen konnte, ja, und den Geruch wahrnehmen musste.

Es war sehr berührend und ich hoffte, für den einen oder anderen auch eine Hilfe, um Franks Fortgehen zu verarbeiten. Mir selbst erging es genauso, obwohl ich an der ganzen Vorbereitung aktiv beteiligt war.

Frank hatte sich zu Lebzeiten ein Kirschblütenbild von mir gewünscht. Das in meiner Ausstellung gefiel ihm so gut. Mit dem Bild hat es leider nicht mehr geklappt, aber er bekam stattdessen einen Kirschblütenschrein und die passende Urne dazu.

Es war für mich sehr lange Zeit nicht nachvollziehbar, dass Frank nicht mehr lebt, dass er weg ist. Tot.

Zu Lebzeiten hatte es oft lange Pausen zwischen unseren Treffen oder Telefonaten gegeben, manchmal waren es ein oder zwei Monate. Darum erschien es anfangs auch gar nicht so besonders, dass ich keinen Anruf mehr von ihm erhielt.

Erst nach ein paar Jahren sickerte es so langsam durch: Frank ist tot.

Die Minute, in der man das zu tun beginnt,
was man tun oder ändern will,
ist der Anfang einer wirklich anderen Art des Lebens.
Richard Buckminster Fuller

Franks Briefkastenschrein war das Vorbild für einen weiteren Sargbriefkasten:

Ein junges Ehepaar besuchte mich in der Galerie, um einen Schrein für ihr sterbendes Kind auszusuchen. Er sollte sonnengelb und voller schwärmender Bienen sein, denn der zwölfjährige Sohn war leidenschaftlicher Imker.

Er hatte, so erzählte es mir die Mutter, ihr sehr klar zu verstehen gegeben, dass es sein größter Wunsch war, dass der von ihm speziell für die Bienen angelegte und bepflanzte Wiesenstreifen weiter gepflegt würde.

Da er schon sehr schwach war, eilte es mit der Fertigstellung des Schreins.

Für einen filigranen Blumenwiesenschrein benötige ich ohne Vorarbeiten mindestens zwei Tage. So stand ich noch am gleichen Abend im Atelier, um die Grundierung aufzutragen und am nächsten Morgen gleich mit dem Malen beginnen zu können.

Doch in aller Frühe des nächsten Tages kam der Anruf, dass das Kind in der Nacht gestorben sei.

Wir disponierten um und ich ergänzte ein bereits fertiges, ähnliches Modell mit den dem Jungen so wichtigen Bienen. Ich malte so viele Bienen, wie es mir die Zeit erlaubte. Am Abend brachte die Mutter ihre beiden anderen Söhne zu mir ins Atelier und gemeinsam mit den Jungs malten wir weitere Bienen für den verstorbenen Bruder zwischen die Gräser.

Ich hatte die Eltern auf die Idee des Briefkastens im Sargdeckel angesprochen; denn viele seiner Klassenkameraden, so begründete ich, wären sicher in einer ähnlich hilflosen Situation wie die Freunde von Frank, dem Herzpatienten. Sie entschieden sich dafür und der Einwurfschlitz wurde im Nachhinein in den Deckel gefräst und an die Malerei angeglichen.

Die Lehrerin des verstorbenen Jungen wurde informiert. Sie gab ihrer Klasse einen Vormittag lang Zeit, damit jedes einzelne Kind einen ganz persönlichen Brief, an den verstorbenen Klassenkameraden schreiben oder ihm ein Bild malen konnte. Jeder Mitschüler warf dann bei der Verabschiedung seinen Brief oder sein Bild in den Schrein. Und wieder mussten alle ganz nah an den Sarg herantreten, ihn anfassen und die Klappe öffnen, um den letzten Gruß zu übergeben.

Auch da wieder ein bisschen Begreifen.

DAS ROTE KLEID

In Coburg habe ich einen besonders ergreifenden Abschied von einem Kind erleben dürfen.

Es war ein sonniger Vormittag, als in meinem Laden das Telefon klingelte. Der Mann am anderen Ende erzählte mir, dass seine Tochter in der Nacht verstorben sei. Er wünschte sich einen Kindersarg von mir, den ich allerdings nicht vorrätig hatte. Das gewünschte Motiv hatte ich zwar in der Ausstellung stehen, allerdings in 190 cm Länge. Wir unterhielten uns eine Weile und ich erfuhr, dass seine sechzehnjährige Tochter schwerstbehindert und nur einen Meter groß gewesen sei.

Während wir miteinander sprachen, kam einem von uns beiden die Idee, doch den großen Schrein mit den vielen Freudlingen darauf zu nehmen. Das Motiv würde passen und mit sechzehn Jahren war ja die Tochter eigentlich kein Kind mehr.

Ich lud das Schmetterlingsmodell in mein Auto, dazu das passende Übergangskreuz, und schon war ich auf dem Weg nach Coburg. Von unterwegs rief ich bei der Familie an und schlug vor, sie möge in der Zwischenzeit Blumen und Blüten pflücken, um mit ihnen den Schrein zu füllen.

Ich kam an, der Sarg wurde in den großen Hausflur gestellt und die Familie bettete ihre Tochter bzw. Schwester selbst hinein.

Und dann wurden all die gesammelten Blüten rund um das Mädchen verstreut.

Es war ein Bild, das ich niemals vergessen werde: eine kleine Prinzessin im roten Kleid, die in einem Blütenmeer liegt!

Und sie wirkte so groß in ihrem Schrein, so groß!

Wir hatten alle das Gefühl, er hätte nicht kleiner sein dürfen; er war genau richtig für sie.

FRÜHCHENSCHREINE

Auf einem Seminar lernte ich eine Psychologin kennen, die hauptsächlich mit traumatisierten Frauen arbeitete, welche oft Jahrzehnte zuvor ihr Kind verloren hatten, sei es durch Abgang, durch Abtreibung oder eine Totgeburt. Alle diese Frauen hatten entweder nicht die Möglichkeit gehabt, das Kind zu beerdigen und eine Abschiedsfeier auszurichten, oder sie hatten zum damaligen Zeitpunkt keine gewollt.

Der fehlende Abschied, so die Psychologin, könne über Jahre zu einem Trauma auswachsen, das verschiedene Symptome zeige und danach verlange, aufgearbeitet zu werden.

Die besten Erfolge erzielte die Psychologin mit einer symbolischen Beisetzung. Die Mutter sucht sich irgendwo einen Platz, den auch meist nur sie kennt. Es ist anscheinend nur in den allerseltensten Fällen möglich, mit dem eigenen Partner oder gar mit einem neuen Partner darüber zu sprechen.

Bei der Bestattungszeremonie gibt die Mutter ihrem Kind einen Namen und beerdigt es unabhängig davon, wie lange es schon tot ist. So finden viele der Mütter Frieden und haben dann auch einen festen Platz zum Trauern.

Die Psychologin bat mich damals, dieses Thema aufzugreifen und auf meine Art umzusetzen, da sie dafür großen Bedarf sehe. Daraufhin gestaltete ich kleine Schreine in der Form eines Sarkophags oder eines Hauses. Ich suchte mir für die Anfertigung der Schreine Handwerker, die mir menschlich sympathisch schienen; denn es war mir besonders wichtig zu wissen, wer sie baute.

Für die Frühchenschreine empfehle ich meist, sie nur mit den feinsten Blütenblättern, insbesondere mit Rosenblättern zu füllen. Der Duft der Rose führt direkt zum Herzen.

Auf Folgendes möchte ich in diesem Zusammenhang hinweisen:

Erst seit dem 1. Februar 2013 ist es bei uns in Deutschland Gesetz, dass verstorbene Kinder auch unter 500 Gramm nicht mehr als »Klinikmüll« entsorgt werden dürfen, sondern bestattet werden müssen. Für Kinder, die mit einem Gewicht von unter 500 Gramm »still« zur Welt kommen, gilt, dass sie von den Eltern bestattet werden können, wenn diese das wollen, oder aber von der Klinik gesammelt, verbrannt und dann auf einem Friedhof anonym bestattet werden.

Etwa jede zehnte Schwangerschaft in Deutschland wird vorzeitig beendet. Das heißt, dass fast jede zehnte Frau davon betroffen ist, aber niemand spricht darüber!

Das ist schon ein guter Schritt nach vorn.

Doch ich kann mich eines Gedankens nicht erwehren:

Es ist inzwischen nachgewiesen, dass der Verlust eines Kindes die Partnerschaft aufs Äußerste gefährden kann, so dass sie daran zu zerbrechen droht. Wenn man sich vor Augen führt, dass jede zehnte Frau schon einmal ein Kind verloren hat und daraufhin die Scheidungsrate betrachtet – könnte es sein, dass Eltern verlernt haben, um ihre toten Kinder zu weinen und zu trauern? Das kann einen Teufelskreis in Gang setzen, denn sie bringen dann einen

Ballast mit in eine neue Partnerschaft, der auf längere Zeit nicht zu tragen ist und schließlich zum Bruch auch einer neuen Beziehung führen kann.

Ich habe schon erzählt, dass die Presse anfangs davor zurückschreckte, von meinen Särgen zu berichten. Ähnlich ging es mir im Hinblick auf die Frühchenschreine.

Ein Team vom bayerischen Fernsehen erfuhr von meiner Arbeit und war sehr interessiert daran, über die bemalten Schreine einen Beitrag zu senden. Als ich während der Dreharbeiten in meinem Sargladen die verantwortliche Dame auf die Thematik »Frühchenschreine« ansprach, antwortete sie nach kurzer Denkpause: »Nein, die Geschichte ist mir zu heiß, darüber drehen wir nicht!«

Ich frage mich: Warum ist sie diesem Thema aus dem Weg gegangen? War sie vielleicht selbst betroffen?

Auf einer Bestattermesse in Dresden hörte ich einen der Aussteller sagen: »Kindersärge kommen mir nicht in mein Institut. Wenn ich einen brauche, lasse ich ihn per Express bringen.«

Das waren die Worte eines *Bestatters!*

Für mich hörte es sich an, als ob ein Fluch auf den Kindersärgen läge.

Natürlich ist es für eine Familie sehr, sehr schmerzlich, ein Kind zu verlieren.

Aber könnten Sie für sich den Gedanken zulassen, dass die Kinder, die nach unserer Meinung viel zu früh gehen mussten, ihre Aufgabe hier auf der Erde schon erfüllt haben und jetzt wieder »heim« dürfen?

Es sind bezogen auf das Lebensalter ganz junge Menschen, die gehen. Aber vielleicht sind es uralte Seelen, die möglicherweise nur noch eine kleine Aufgabe, eine noch ausstehende Erfahrung auf diesem Planeten machen wollten, die für uns verborgen ist. Vielleicht begreifen *wir* nur nicht, warum wir *immer* noch hier sind, und welche Aufgabe *wir* noch zu erledigen haben. Wenn wir unsere Aufgabe kennen und umsetzen könnten, wären wir vielleicht auch schon »zu Hause«.

Was wissen wir denn darüber, ob wir hier auf dieser blauen Kugel sein *dürfen* oder sein *müssen*?

SARG? BRAUCHE ICH NICHT. ICH WERDE VERBRANNT!

»Und wie werden Sie verbrannt?«, lautet eine Frage.

»Ja, halt in den großen Ofen rein!«

»So einen großen Ofen haben Sie bestimmt nicht«, antworte ich dann, »und Sie dürfen das auch gar nicht. So etwas macht man im Krematorium.«

Und schon habe ich die Lacher auf meiner Seite und die Situation entspannt sich.

»Um verbrannt zu werden, brauchen Sie einen Sarg«, hake ich nach.

Dann folgt oft der Einwand: »Viel zu schade!«, worauf ich mit dem Beispiel des aufwändigen Kochens für die liebe Familie kontere.

Aber was mir wirklich oft auffällt, ist das deutlich spürbare Desinteresse an dieser Thematik. Dabei haben wir doch heute wirklich alle erdenklichen Möglichkeiten, uns zu informieren, auch anonym.

Später dann, nach einer Beisetzung, ist man oft unzufrieden mit dem Ablauf der Feierlichkeit, und der Jammer ist groß: »Es war ein bisschen sehr nüchtern gehalten, oder?« – »Was hat denn der über ihn erzählt, das stimmt ja vorn und hinten nicht!« – »Also, für die kurze Veranstaltung hat der aber mächtig abkassiert!« ... und so weiter.

Meine Frage zu solchen Kommentaren: Wurde denn der gesamte Ablauf im Vorfeld richtig geplant? Andere Ereignisse im Leben plant man doch auch, oder? Zum Beispiel eine Geburt, den ersten Schultag, den runden Geburtstag, eine Taufe, die Kommunion oder eine Hochzeit – all diese Feste werden von langer Hand vorbereitet, damit es eine »runde Sache« wird und nichts schiefgehen kann. Da überlässt man nichts dem Zufall.

Man feiert die-/denjenigen mit aller Ehre und meist mit großem Aufwand.

Für eine Hochzeit wird oft ein ganzes Jahr im Voraus alles bis ins Detail festgelegt und geordert. Es werden Kleider nur für diesen einen Tag geschneidert und es wird sehr viel Geld und Zeit in die Vorbereitung investiert.

Was bleibt, sind die Erinnerungen an ein wunderschönes Fest. Und diese Erinnerungen sind ein wertvolles Gut, das wir in uns tragen, das uns niemand nehmen kann.

Selbst wenn nach geraumer Zeit eine Ehe, die mit viel Aufwand, Geld und Freude im Rahmen einer großen Feier geschlossen wurde, auseinandergehen sollte, behalten die beiden Gastgeber und ihre Gäste die Erinnerung an dieses überwältigende Fest.

Meiner Meinung nach verhält es sich mit einer Beerdigung genauso.

Sterben und Tod, unser größtes Fest, unser »Abschlussball«, sollte genau so gefeiert werden wie alle anderen Feste auch. Und was bei der Hochzeit das wunderbare Brautkleid ist, ist bei der

Verabschiedung vielleicht der Sarg. Er ist die letzte Hülle, die unseren vergänglichen Leib bedeckt.

Und so, wie die meisten Hochzeitsgäste sich noch jahrelang an das schöne Brautkleid erinnern können, welches für eine bezaubernde Braut maßgeschneidert wurde, bleibt den Trauergästen eine Beerdigung jahrelang im Gedächtnis, die wie ein Fest gefeiert worden ist.

Ein besonderer Schrein kann das letzte Geschenk an einen lieben Verstorbenen und ein Zeichen unserer Wertschätzung ihm gegenüber sein. Ein Fest zur Beisetzung ist zudem nicht nur eine Würdigung für denjenigen, der gegangen ist, sondern ebenfalls ein Geschenk an die Hinterbliebenen, damit der Abschied ein klein wenig besser zu ertragen ist.

STERBEZIMMER

Es gibt etwas, das ich einfach nicht verstehen kann und das leider immer noch vorkommt! Da werden Krankenhäuser für Millionen Euro erbaut; aber es bleibt kein Geld übrig, um zumindest einen kleinen Raum einzurichten, der nur für die gerade verstorbenen Patienten vorgesehen ist.

Einen Raum, in den nicht noch der Kopierer hineingeschoben wird, weil sonst kein Platz dafür gefunden werden kann.

Einen Raum der Stille.

Einen Raum, der Atmosphäre hat, mit Fenstern zum Öffnen, die das Tageslicht und die Sonne hereinlassen.

Einen Raum, in dem die Angehörigen sich ungestört verabschieden können, bevor der Verstorbene zum Bestatter oder in die Leichenhalle überführt wird.

Es muss doch möglich sein, solch ein kleines Zimmer in jedem Krankenhaus zur Verfügung zu stellen.

Oder ist ein Mensch von dem Augenblick an, da er tot ist, nichts mehr wert? Ist ein Verstorbener eigentlich immer noch Patient?

Ich glaube, dass es keine Kostenfrage ist, solch einen Raum in jedem Krankenhaus herzurichten. Ich befürchte aber, dass zu häufig in den entscheidenden Positionen Menschen sitzen, die nicht wach oder sensibel genug sind, um sich mit diesem Thema auseinandersetzen zu wollen. Anders kann ich mir so etwas nicht erklären, lasse mich aber gerne vom Gegenteil überzeugen. Oder sind sie vielleicht auch Opfer eines wirtschaftlichen Denkens, in einem »Unternehmen« Krankenhaus, das – wie es manchmal mein Eindruck ist – gar nicht möchte, dass die Patienten schnell gesund werden? Ist ein kranker Patient eine Art Absicherung für das Unternehmen?

Dazu eine persönliche Erfahrung:

Vor einigen Jahren besuchte ich ein Wassersymposium in der Schweiz. Frau Dr. Enza Maria Ciccolo, eine Forscherin aus Italien, referierte über die Kraft von Heilquellen.

Sie untersuchte seit vielen Jahren die Energien verschiedener Quellen an Wallfahrtsorten wie Lourdes, Medjugorje, San Damiano, Fatima, Einsiedeln und anderen. Sie machte Versuche mit diesen Wässern, deren Energie inzwischen mit moderner Technik messbar ist. Eines ihrer Experimente beeindruckte mich als Künstler ganz ungemein.

Die Energie des Wassers wurde im flüssigen Zustand gemessen. Danach wurde Wasser auf ein Blatt Löschpapier geträufelt und getrocknet. Erneute Messungen auf dem trockenen Stück Papier ergaben annähernd die gleiche Energie wie im flüssigen Zustand. Und diese Energie wirkte heilend auf Menschen!

Für mich als Maler liegt folgende Vermutung nahe: Wenn ich heilendes Quellwasser, zum Beispiel von Lourdes, in meine Farben mische und damit die Wände eines Zimmers in einem Krankenhaus streiche oder bemale, dann könnten Patienten aufgrund der Heilenergie in diesem Wasser schneller genesen.

Ich experimentiere schon seit langer Zeit mit den Essenzen der Blumen und Pflanzen, die ich gerade male. Habe ich zum Beispiel den Auftrag, einen Raum mit Rosen auszumalen, mische ich der Blütenfarbe meist noch eine Handvoll frischer Rosenblätter zu. Ich bin mir sicher, dass die Energie der Rosenblätter in meine Farbe übergeht und dann von der Wand auf den Betrachter wirkt. Habe ich nicht die passende Blume greifbar, verwende ich ätherische Öle.

Ätherische Öle empfehle ich auch bei Sterbenden oder gerade Verstorbenen einzusetzen. Damit erreichen wir meines Erachtens den toten Menschen auf »seiner«, der ätherischen Ebene.

Aber es ist sehr wichtig, darauf zu achten, dass wirklich nur sehr hochwertige, rein ätherische Öle verwendet werden! Synthetisch hergestellte Öle verursachen schon auf der grobstofflichen Ebene ernsthafte Schäden; womit muss man da auf der feinstofflichen Ebene erst rechnen?

Damals, nach dem Vortrag über Heilwasser, war ich voller Euphorie und überwältigt von der Möglichkeit, mit wenig Aufwand und in Verbindung mit dem Wasser heilender Quellen manchen Patienten eine schnellere Genesung zu ermöglichen.

Deshalb machte ich einem Allgäuer Krankenhaus den Vorschlag, zwei nebeneinanderliegende Räume zu gestalten: den einen mit meiner Malerei und den zweiten mit meiner Malerei *und* dem Heilwasser.

Meine Bedingung war, dass regelmäßig über die Patienten und deren Genesung Buch geführt werde, mindestens über ein halbes Jahr.

Damit hoffte ich zu erfahren, ob in den verschiedenen Räumen Unterschiede bei der Genesung der Patienten feststellbar wären.

Ich hätte damals unentgeltlich gearbeitet, so sehr war ich von der Wirkung überzeugt.

Aber es war nicht daran zu denken. Alle Schotten wurden sofort dicht gemacht. Es gab seitens des Krankenhauses kein Interesse!

Schade, sehr schade!

Erst dieser Tage war eine Krankenschwester bei mir. Sie erzählte mir, dass es auf der Intensivstation, auf der sie arbeite, schon mehrmals vorgekommen sei, dass Patienten, die längere Zeit in dieser Umgebung verbringen mussten, sich das Leben nehmen wollten. Ich habe noch nie eine Intensivstation gesehen, die in freundlichen Farben gestrichen war oder auf die Wirkung von Farben für das Wohl der Menschen setzte. Gerade dort, wo die Verzweiflung am größten ist, wird nichts für die Sinne, für die Seele getan. Eine ansprechende Gestaltung würde doch genauso zur Genesung beitragen wie die Gerätschaften und die Medikation.

Und warum sind die meisten Leichenhallen so leblos?

Im Tod ist das Leben! Warum machen wir es uns nicht ein wenig einfacher, indem wir die Umgebung eines solchen Ortes liebevoll und farbig gestalten, lebendig, fröhlich? Bedrückt sind die Besucher doch sowieso. Man muss doch die Stimmung durch die entsetzliche Tristesse der Räumlichkeiten nicht noch verstärken.

Es wäre viel sinnvoller, Menschen in dieser Situation mit den richtigen Farben und Motiven aufzubauen, ihnen Kraft und Zuversicht für ihr eigenes, weiteres Leben zu schenken. Gebt dem Tod mehr Leben!

Es ist längst erwiesen, dass der Duft der oben erwähnten Pflanzen und ätherischen Öle eine starke Wirkung auf unseren Organismus und unser Empfinden hat. So ist auch der Duft von frischem Heu ein ganz besonderer. Viele Menschen erinnern sich bei diesem Geruch an ihre Kinderzeit. Ein unvergleichbar schöner und angenehmer Duft. Eine Mutter, die ihren neun Monate alten Sohn verlor und ihn in einem meiner Schreine auf Heu gebettet verabschiedete, hat mir später berichtet, wie wohltuend und tröstlich es für sie war, ihren Johannes in dieser duftenden Wiese auf seinen Weg zu schicken.

Ich kann nicht sagen, welche »Tore« der Geruch von Heu bei den meisten von uns öffnet. Aber die Rose zum Beispiel ist eng mit dem Herzen verbunden und der Lavendel beruhigt und spricht die Seele an.

Meine Mutter wünschte sich, dass ich, falls sie vor mir sterben sollte, ihren Schrein mit duftendem Lavendel füllen sollte.

BEDEUTUNG DER BLUMEN UND FREUDLINGE

In einem alten Buch fand ich einen interessanten Artikel über die traditionelle Friedhofskultur. Auch die unterschiedlichen Symbole und die Charaktere von verschiedenen Blumen wurden beschrieben. Dies passte natürlich sehr gut zu meiner Arbeit.

Da stand sinngemäß unter anderem über die *Sonnenblume,* dass sie den im Leben Gott zugewandten Menschen zugeordnet wird.

Ein schönes Bild, wenn man weiß, dass die Sonnenblume ihr Gesicht immer zur Sonne hin ausrichtet, zum Licht.

Die Rose braucht wohl nicht näher erklärt zu werden. Sie steht für immerwährende Liebe und Treue.

Der Mohn symbolisiert den sanften Tod, das ruhige Verscheiden.

Sehr gut gefällt mir auch *die Ringelblume* in dieser Beschreibung:

Sie ist Sinnbild für die Linderung des Schmerzes der Hinterbliebenen. Im Leben, im »Diesseits«, benutzen wir die Calendula, wie die Ringelblume lateinisch heißt, als Salbe zur Wundheilung. Meine Mutter hat früher jedes Jahr Ringelblumensalbe für uns gekocht. Sie hatte sich auch für dieses Sargmodell entschieden, ohne von der Bedeutung der Pflanze gewusst zu haben. Erst viel später habe ich ihr erzählt, welche Bedeutung die Ringelblume hat. Auf der feinstofflichen Ebene heilt sie den Schmerz der Seele.

Das Gänseblümchen ist für mich die typische Kinderblume. Es ist klein und nicht sonderlich auffällig, strahlt aber eine Freude und Heiterkeit aus, die alle Herzen erreicht. Sie hat auch eine Art »vorwitziger Unschuld«. Manchmal, in der Wiese, kommen mir Ansammlungen von Gänseblümchen vor wie eine tuschelnde und kichernde Schulklasse. Bei trüben Gedanken und Freudlosigkeit empfehlen manche Homöopathen, jeden Tag ein paar Gänseblümchen zu essen oder diese in den Salat zu mengen. Sie wirken ähnlich wie das die Stimmung aufhellende *Johanniskraut*. Zur Symbolik der Gänseblümchen gehören unbedingt Marienkäfer, die wirken ähnlich erheiternd, und natürlich *Freudlinge.*

Die Lilie ist das Symbol für Unschuld, »Unbeflecktheit«, (was will uns dieses Wort eigentlich sagen?) für ewiges Licht und die Auferstehung reiner Seelen.

Die Margerite trägt die Bedeutung des reinen Glücks, der Gewissheit eines geliebten Menschen. Sie kann aber auch vergossene Tränen darstellen.

Die Pfingstrose ist ein Mariensymbol: die »Rose ohne Dornen«.

Stiefmütterchen stehen für Dreifaltigkeit, die Trinität, und für Freidenkertum.

Und jetzt komme ich zu meinen absoluten Favoriten in der Tierwelt:

Schmetterlinge begleiten mich schon lange. In den bereits weit über dreißig Jahren als freischaffender Künstler waren Freudlinge immer schon Teil meiner Arbeit. Und ich habe in all den Jahren nicht eine Person kennengelernt, die sich vor ihnen gefürchtet oder gar geekelt hätte, so, wie es bei fast allen anderen Tieren vorkommen kann.

Für mich sind Freudlinge das Lächeln Gottes. Er schickt sie uns, damit wir uns von diesem Lächeln anstecken lassen. Und es funktioniert!

Gott hat dir ein Gesicht gegeben,
lächeln musst du selber.
Irische Weisheit

Beobachten Sie doch einmal die Gesichter von Menschen, die einem Falter hinterherschauen. Sie haben fast alle ein sanftes Lächeln um die Mundwinkel. Und außerdem spiegelt sich unser Leben in dem eines Freudlings erstaunlich ähnlich wider.

Unser Dasein beginnt wie das eines Freudlings als Ei. Die Raupe schlüpft – *wir werden* geboren. Viele kleine Raupen auf engstem Raum fressen sich durch das erste Blatt – *Babyjahre.* Sie wachsen schnell und beginnen eigene Wege zu gehen – *Kleinkindalter.* Jetzt sind sie groß genug, um sich alleine auf Wanderschaft zu begeben, und haben nichts anderes im Sinn als zu fressen – *Pubertät, Aktivität und Konsumieren bis zum Alter von ungefähr dreißig Jahren.*

Jetzt ist die Raupe groß und fett, und aus dem Frühling ist der Sommer geworden. Die Blätter sind nicht mehr ganz so zart, wie noch kurz zuvor. Die Raupe frisst zwar noch, aber sie bemerkt die Veränderung – das *Alter zwischen dreißig und fünfundvierzig Jahren.* Jetzt spürt die Raupe, dass ihr ein entscheidender Schritt bevorsteht. Sie hört auf, zu fressen, zu konsumieren, aktiv zu sein. Sie sucht sich einen sicheren Platz und geht in die Stille, sie verpuppt sich – *bei uns Menschen die »Midlife-Crisis«.*

Bis vor Kurzem hätte ich noch geschrieben: »speziell bei Männern«. Aber heute sage ich mit absoluter Überzeugung, dass diese Krise beide Geschlechter durchmachen. Eigentlich ist es gar keine »Krise«. Es handelt sich vielmehr um den natürlichen Verlauf des Lebens, dem wir in vollem Vertrauen folgen sollten. »Verpuppen« heißt versinnbildlicht, genauer auf *unser Innerstes zu hören*. Die äußere Welt haben wir inzwischen zur Genüge kennengelernt. Jetzt ist es Zeit, die Welt »in uns« zu betrachten. Wir sollten zur Ruhe kommen.

Würde die Raupe diese Zeichen ignorieren, würde sie wahrscheinlich einen fetten Happen für den nächsten Vogel abgeben oder aber im günstigsten Fall den Vögeln entkommen, um dann dick und fett dem kommenden Winter zum Opfer zu fallen.

Genau so ergeht es den Menschen. Ignorieren wir die Zeichen der Natur, bekommen wir es als Unzufriedenheit zu spüren, als Depression oder als Krankheit, denn die meisten gesundheitlichen Probleme treten in diesem Alter auf. Wir versuchen umso mehr, uns auf jung zu trimmen. Wir joggen, wir biken und jüngere Partner*innen müssen her. Die kleine Raupe aber, sie vertraut auf die Hinweise der Natur und geht in die »Klausur«, geht in sich.

Nur so ist es möglich, dass sich aus einer einst fetten, fressenden Raupe von innen heraus ein Falter entwickelt. Und im richtigen Moment bricht der Kokon auf und heraus kommt ein Freudling, breitet seine schillernden Flügel aus und fliegt – fliegt zum Licht.

Dies ist die Zeit zwischen fünfzig und unserem physischen Tod. Es ist die Zeit, zuzuhören, sich innerlich zu entwickeln und innerlich zu wachsen.

Ist es nicht eine wunderbare Vorstellung, dass, wenn wir es nur zulassen, in uns das »Lächeln Gottes« heranwächst und dass im Moment unseres Todes die Schale unseres Kokons aufbricht, damit aus unserer irdischen Hülle die Seele hervortritt, ihre Flügel ausbreitet und zum Licht fliegt, zu Gott?

Der Meister kommt die Form zerbrechen,
mit weiser Hand, zur rechten Zeit.

Friedrich Schiller

Zum Thema »Gott« ist es mir wichtig zu sagen, dass »Gott« für mich im jetzigen Abschnitt meines Lebens das Synonym für »Liebe« ist. Gott hat für mich nichts mit Religion zu tun. Gott ist für mich eine Energie, die jedem von uns innewohnt, jedem Menschen, jedem Tier, jeder Pflanze, allem Leben auf unserem Planeten und weit darüber hinaus.

SARG IN DER KIRCHE

Ein neuer Tag beginnt. Im Hause sind alle schon aktiv. Es wird gebacken und gekocht, Sekt kalt gestellt. Tische werden eingedeckt, festlich geschmückt und mit Blumen dekoriert. Das alles sind Vorbereitungen für ein großes Fest. Am Nachmittag kommen die ersten Gäste. Sie werden schon im Vorgarten empfangen und ein Teil steht in der Diele mit einem Glas Champagner in der Hand. Es wird begrüßt, gedrückt, geküsst und gelacht.

Doch zu wessen Ehren findet dieses Fest statt? Wo ist die Jubilarin?

Sie liegt allein in ihrem Zimmer, ist gesundheitlich bedingt ans Bett gebunden und kann nicht selbstständig aufstehen. Ab und zu geht einer der Neuankömmlinge kurz zu ihr ins Zimmer, fragt höflich, wie es ihr geht, wartet kaum die Antwort ab und eilt wieder hinaus zu den anderen Geladenen.

Aber nicht alle kommen zur Begrüßung ins Krankenzimmer. Manche bedienen sich direkt am Buffet.

Die Feierlaune steigt. Die Musik schallt durch das ganze Haus und es wird gegessen, getrunken und ausgelassen gefeiert. Es ist wirklich ein großes Fest mit vielen Gästen. Und das Geburtstagskind? Immer noch hinten in der Kammer? Man fragt den Hausherrn und dieser druckst etwas herum:

»Ja, wissen Sie, sie kann ja nicht mehr aufstehen und ein Krankenbett mitten im Salon ... ist ja auch nicht ganz so passend. Und in die Nähe des Buffets sollte man es auch nicht stellen, Sie wissen schon, der Keime wegen. Wir haben das schon früher bei uns im Hause so gehandhabt, auch aus Rücksicht auf die geladenen Gäste. Die sollten sich ja amüsieren, es ist ja schließlich ein Fest. Aber bevor diese Feier heute zu Ende geht, so ist es bei uns Tradition, gehen wir alle zusammen ins Krankenzimmer und singen der Jubilarin zu Ehren ein ›Dreimal hoch‹. Das müssen wir schon machen, oder finden Sie nicht? Es ist ja ihr Geburtstag!«

Ahnen Sie bereits, worauf ich mit dieser Geschichte hinauswill?

In sehr, sehr vielen Städten und Gemeinden ist es üblich, den Verstorbenen in der Leichenhalle aufzubahren, während alle Trauergäste in der Kirche sind, den Gottesdienst feiern, singen und beten. Und die Person, für die man betet, um die es geht, langweilt sich in der Friedhofshalle zu Tode.

Das darf doch nicht sein, oder? Lässt man einen Täufling etwa auch im Auto warten, oder Kommunionkinder oder Hochzeitspaare?

Alle dürfen dabei sein, nur die Verstorbenen nicht? Ja, geht das noch?

Diese menschenverachtende Handlung gegenüber derjenigen, für die die Feierlichkeit bestimmt ist, macht mich wütend und traurig. Und da kommt auch gleich die Frage auf, warum Urnen mit in die Kirche dürfen, um dort am gemeinsamen Fest »teilzunehmen«? Wer oder was ist da drin?

Aus welcher Zeit entstammt denn bloß diese Praxis?

Ich befürchte, dass man vieles aus Gewohnheit so »wie immer« macht und es sehr viel Kraft und Zeit brauchen wird, alte Gewohnheiten zu hinterfragen und gegebenenfalls zu ändern. Und sollten Sie so über Bestattungen denken wie ich und in einer Gemeinde leben, in der das Aussperren der Verstorbenen praktiziert wird, dann suchen Sie doch für die nächste Beerdigung eine andere Gemeinde, eine, in der es menschlicher zugeht, in der die Verstorbenen die Hauptpersonen sind.

Der Beginn des Lebens liegt nicht in der Materie, und sein Ende liegt nicht im Grab.

Khalil Gibran

Aber vielleicht funktioniert es ja besser als geahnt, wenn wir danach fragen. Auch Pfarrer sind nur Menschen und auf immer häufiger vorgetragene Wünsche werden auch sie reagieren.

Das ist wie mit den Bäckern, von denen ich schon sprach. Wenn der in Ihrem Viertel ansässige Bäcker A nur mit fertigen Backmischungen arbeitet, diese aber für Sie nicht akzeptabel sind, dann gehen Sie doch zu Bäcker B, der so bäckt, wie es Ihnen schmeckt und für Sie gut ist.

Auch Kirche kann Nahrung sein.

MEINE SCHREINE

Sarg ist Sarg, könnte man auf den ersten Blick meinen, wenn man zu einem Bestatter in den Ausstellungsraum kommt.

Der eine Sarg ist etwas heller, der andere etwas dunkler.

»Eiche brutal« steht links neben einer Kiste aus unbehandelten Brettern, die zum krematorischen Verbrennen gedacht ist, und rechts davon das auf Hochglanz polierte Prachtstück aus Mahagoni, das wie ein nagelneuer Mercedes aussieht.

Alle zusammen wirken in etwa so wie die Farbmodelle im Schuhregal der Größe sechsundvierzig in einem Herrenschuhgeschäft. Ein erfrischendes Braun-Schwarz-Beige leuchtet uns aus einer Ecke entgegen und bei näherem Hinsehen entdecken wir ein freundliches Frühlingsgrau. Die Auswahl der Farben ist famos, und das meist noch unter greller Neonbeleuchtung. Mein herzliches Beileid!

Fairerweise möchte ich allerdings sagen, dass ich auch Bestatter kennengelernt habe, die ihre Ausstellungen in wirklich geschmackvollen Räumen präsentieren.

Zu Beginn meiner Sargmalerei bestellte ich die handelsüblichen und geläufigen Sargmodelle vom Großhändler. Doch schon bald bemerkte ich, dass das gelieferte Holz zum Bemalen denkbar ungünstig war. Es musste unlackiert sein, weil sonst meine Farben nicht gehalten hätten. Kaum bemalt, schon arbeitete das Holz und es gab Risse und Löcher. Dazu all die Leisten und Verzierungen.

Heute lasse ich qualitativ hochwertige Schreine nach meinen eigenen Vorgaben bauen und bin damit sehr zufrieden. Die Formen sind sehr schlicht gehalten, da ja die Malerei wirken soll.

Diese Särge unterscheiden sich in sehr vielen Dingen von den meisten anderen; doch das Entscheidende für mich ist die Tatsache, dass meine keine Schrauben zum Verschließen des Deckels haben. Und dies hat seinen Grund.

Vor etwa 25 Jahren verstarb mein Vater.

Nachdem alle Besucher sich von ihm verabschiedet hatten, er lag damals offen aufgebahrt in der Leichenhalle, wurde der Deckel des Sarges aufgelegt. Ich half dabei und drehte die Flügelschrauben wie selbstverständlich zu. Erst viel später, nachdem ich dies getan hatte, realisierte ich meine Handlung. Ich sperrte meinen Vater weg! Schloss ihn in dieser Kiste ein!

Das war ein absolut erschütterndes Erlebnis für mich, so schlimm!

Diese Erfahrung hatte ich noch immer vor Augen, als ich Jahre später meine eigenen Schreine bauen ließ. Ich achtete darauf, dass meine Modelle so passgenau und stabil gebaut wurden, dass der geschlossene Deckel nicht verrutschen konnte. Sicherlich können die Särge auch verschraubt werden, wenn ein Kunde darauf besteht, doch sie werden von mir ohne Schrauben ausgeliefert.

MEIN ZIEL

Als wir einmal bei Freunden zum Geburtstag eingeladen waren, wurde natürlich auch über meine Arbeit und die Särge, über das Alter(n) und dieses und jenes Zipperlein gesprochen.

Ich warf in die Runde, dass es mein Ziel sei, glücklich, gesund und wohlhabend zu sterben. Alle schauten etwas skeptisch und unser Gastgeber fragte mich: »Warum sagst du das? Willst du dich umbringen?«

Ich bin ein sehr gesunder Mensch und war ganz selten bei einem Arzt. Ich bin gesund und beabsichtige, bis ins hohe Alter gesund zu bleiben, auch wenn man immer wieder in Gespräche über Krankheiten verwickelt wird.

Scheint es doch bei vielen ein sehr beliebtes Spiel zu sein, jedem Gesprächspartner seine Leiden und Wehwehchen haarklein und bis ins letzte Detail zu erklären. Und wenn an einem Tag dreimal Besuch kommt, so wird auch dreimal davon berichtet. Im schlimmsten Fall wird der komplette Verlauf der letzten OP geschildert. Nach einer Weile kennt man die Namen der wachhabenden Nachtschwestern und den gesamten Krankheitsverlauf, oft auch den vom Bettnachbarn.

Abends dann zu Hause denkt man sich: »He, das klingt ja sehr bedenklich, was Herr X mir heute wieder erzählt hat. Ich fühle da auch manchmal so ein Stechen. Ich muss morgen unbedingt zum Arzt gehen und nachfragen, ob ich das nicht auch habe.« Und ... wer suchet, der findet!

Hat man sich bei solchen Unterhaltungen, weil man ja gut erzogen ist, den minutiösen Verlauf der Krankheit angehört, wird man manchmal kurz gefragt, wie es einem selbst denn geht. Und besitzt man dann die skrupellose Frechheit zu antworten, dass man nach wie vor kerngesund und zufrieden sei, kommt meist eine Prophezeiung, die mich immer wieder erschüttert und wütend macht:

»Ja, weißt du, du bist ja noch jung, aber in zehn oder fünfzehn Jahren wirst du das nicht mehr sagen können. Dann erwischt es dich auch.«

Hallo? Warum wird dieser Mensch jetzt übergriffig?

Ich schenke ihm meine Zeit, höre ihm zu, und er ist nicht in der Lage, einfach stehen zu lassen, dass es einem auch bis in hohe Alter hinein gut gehen kann!?

Und oft sind diese Leute nur etwas älter als ich, klagen aber schon seit zwanzig Jahren.

Ich bemerke, dass ich für solche zwischenmenschlichen Grobheiten immer weniger Verständnis und Akzeptanz in mir finde.

Es scheint wohl wirklich für einen Großteil der Bevölkerung der normale biologische Ablauf zu sein, alt und über Jahrzehnte krank und gebrechlich zu werden. Das hat schon fast einen kollektiven Charakter.

Aber was ist mit den Menschen, die, ohne krank zu werden, altern, vielleicht schwächer und langsamer werden und dann einfach sterben? Die gibt es auch!

Das Ganze erinnert mich wieder an den »Brüller« inmitten von tausend ruhigen Konzertbesuchern. Den hört man, über den wird berichtet.

Die Betagten in unserer Gesellschaft, die einfach nur alt, aber nicht krank sind, sprechen auch nicht darüber, dass sie immer noch gesund sind.

Sie sind es, vielleicht in Dankbarkeit.

Für unsere Gesellschaft wäre es eigentlich viel nützlicher, wenn sich die vielen »Mitteilungsbedürftigen« die Zeit nehmen würden, denen zuzuhören, die ihnen erzählen, wie gesund sie immer noch sind.

Vielleicht wären sie dann auch selbst in besserer körperlicher Verfassung?

Und stellen Sie sich einmal vor, welche Wirkung es auf den zuhörenden, kranken Siebzigjährigen haben könnte, wenn der gesunde Neunzigjährige zu ihm sagen würde:

»Na, alles halb so schlimm. Warte mal, wenn du erst einmal so alt bist wie ich, ist alles wieder gut!«

SCHUTZENGEL

Dass es Engel gibt, ist für mich keine Frage. Spürt man doch manchmal ihre Präsenz, aber vor allem nehmen wir die Auswirkungen ihres Tuns, ihrer Arbeit an uns täglich wahr. Jedem von uns fallen da aus seinem eigenen Leben Beispiele ein, die auf unerklärliche Weise glücklich verlaufen sind, obwohl sie manchmal gefährlich, ja sogar lebensbedrohlich schienen.

Ist das Zufall, ist das Glück? Kann sein.

Ich glaube allerdings, dass uns durch Engel geholfen wird. Sie begleiten uns auf den von uns gewählten Wegen und greifen immer dann in die Handlung ein, wenn auf diesen Wegen irgendetwas unser Weiterkommen, hin zu einem gewählten Ziel, gefährden könnte. Manches müssen sie allerdings auch geschehen lassen, da dies Teil unseres Weges ist und wir zudem einen freien Willen haben. Mit diesem freien Willen können wir *alles* machen in unserem Leben, doch *alles* hat auch seinen Preis.

Ich würde sehr gerne die Sprache der Engel besser verstehen, sicherer sein in der Deutung. Ich würde gerne die dauernd präsenten Zweifel und Ängste »zur Hölle« jagen und einfach vertrauen. Doch dieses Vertrauen kommt meistens erst dann, wenn ich schon »mit dem Rücken zur Wand« stehe und nicht mehr weiß, wohin. Dann ergebe ich mich und hoffe, vertraue.

So weit bräuchten wir es aber gar nicht kommen lassen, wenn wir lernen würden, die Hinweise unserer Schutzengel zu erkennen und zu begreifen.

Wenn wir in einem Land Urlaub machen und der Sprache nicht mächtig sind, missverstehen wir leicht die uns fremden Gesten und Zeichen. Verbringen wir aber eine längere Zeit in diesem Land, werden uns die Regeln und Gepflogenheiten vertraut und wir können Informationen leichter deuten.

Vielleicht sollten wir mehr Zeit mit unseren Engeln verbringen, so viel Zeit, bis wir besser »Engelisch« verstehen?

Ich selbst bin oft sehr unsicher, ob nicht mein Verstand dazwischengefunkt hat. Oft erkenne ich einfach keinen Unterschied mehr zwischen Kopf (Intellekt) und Bauch (Intuition). Und es ist der intuitive Weg, der uns mit unseren Helfern verbindet.

Dann hadere ich meist mit der Oberen Zentrale und sage:

»Leute, hört mal, ich bin ja willens, das zu tun, was ihr von mir verlangt. Ich bin wirklich bereit zu tun, was ich tun soll. Aber wenn ich mir nicht sicher bin, was nun stimmt? Wenn mir nicht klar ist: links oder rechts? Wenn ich das Gemurmel von meinem beflügelten Protektor einfach nicht verstehe, wäre es da nicht möglich, mir einen Einschreibebrief zu schicken, in meiner Sprache? Wozu denn immer dieses Rätselraten? Es wäre doch viel sinnvoller und nützlicher, meine Energie in die Aufgaben zu stecken, die wirklich wichtig sind. Wichtig für diese Welt, für meine Mitmenschen, für mich selbst.«

Aber nein, man lässt mich einen Großteil meiner endlichen Zeit mit »Entwirren« und Suchen verbringen, anstatt mich produktiv wirken zu lassen. So sehe ich es jedenfalls.

»Und manchmal, Chef, und da spreche ich Dich jetzt persönlich an und nicht Deine fliegende Exekutive, manchmal lässt Du mich so auf den Knien robben, dass ich einfach nicht mehr weiterkann. Wozu das Ganze? Wozu hast du mir den aufrechten Gang gegeben, wenn ich auf den Knien herumrutschen soll? Oft komme ich mir vor wie ein polnischer Erdbeerpflücker, der in unserem gesegneten Lande bei einem miesen und raffgierigen Bauern zwölf Stunden täglich für 3,50 € die Stunde arbeitet und dann noch fürs Essen und Schlafen zahlen muss. Wozu soll das gut sein? Ich arbeite gerne für Dich, aber sei Du auch ein fairer Arbeitgeber! Und wenn ich Dich nicht verstehe, dann schreibe mir bitte auf Deutsch, Englisch oder Polnisch oder male mir ein Bild, auf dem ich den Weg erkenne.«

Eine Freundin meinte unlängst auf den Schutz der Engel bezogen, dass wir doch noch in einem sehr sicheren Land leben würden, obwohl dauernd etwas passiere, das uns tief erschüttere. In dem Geschehen kann man oft erkennen, dass da zumindest ein Teil abgewendet wurde, das Ausmaß eines Unglücks sich noch in Grenzen hielt. So wie bei dem Attentäter aus Kulmbach. Dieser durfte nicht aufs Festivalgelände, weil irgendetwas mit seiner Eintrittskarte nicht stimmte. So zündete er den Sprengsatz vor dem Eingang. Das war schlimm genug, aber im vollbesetzten Zelt wäre es katastrophal gewesen.

Waren da Schutzengel am Werk?

Wie oft werden unsere Polizei und all die Einsatzkommandos bei Straßenkontrollen durch »glückliche Fügungen« fündig und können so manches Unheil verhindern! Dies passiert weitaus häufiger, als wir davon zu hören bekommen – auch im Kleinen, zu Hause, in der Schule oder beim Autofahren.

Die Zeitungen schreiben viel und gerne über erschreckende Ereignisse und senden dazu Bilder, die einen erstarren lassen. Aber die Leser und Zuschauer wollen das so, sonst ließen sich solche Zeitungen nicht verkaufen oder es gäbe niedrigere Einschaltquoten bei den TV-Sendern. Jeder Einzelne von uns hat die Wahl, da mitzuspielen oder wegzuschalten. Und somit trägt auch jeder Einzelne einen Teil der Verantwortung für das, was da draußen passiert, mit. Gleiches zieht Gleiches an.

Denn fülle ich meinen Geist mit all den grausamen Bildern, ziehe ich im Folgeschluss solche Szenarien immer häufiger an. Ich kann mir vorstellen, dass wir an so mancher Katastrophe eine Mitschuld tragen.

Vor vielen Jahren fiel mir schon die Kettenreaktion auf, die entstand, wenn ein Unglück geschah, das sehr viele Menschen schockierte und tiefe Emotionen und Ängste bei Lesern oder Zuschauern weckte. Solche Nachrichten werden täglich weltweit ausgestrahlt.

So konnte man beobachten, dass zum Beispiel ein Flugzeugabsturz alsbald auch einen zweiten nach sich zog. Warum?

Weil die meisten von uns öfter fliegen und jeder sich ein solches Szenario ganz leicht vorstellen kann. Wir spüren förmlich, wie es sein könnte. Wir sind mit unserer Angst, dem Entsetzen emotional so sehr dabei, dass wir, und in solch einem Fall sind es Millionen von Menschen, unseren Fokus auf das Geschehen lenken. Vielleicht ist es nicht gerade so, dass wir kollektiv eine starke gedankliche Kraft ins Universum senden, so dass diese sich irgendwie manifestiert und das nächste Flugzeug zum Absturz bringt. Aber ohne Zweifel schaffen unsere Ängste Atmosphären, die gute Wirkung oder eben schädliche Folgen entfalten können.

Was ich da gerade geschrieben habe, mag für den gradlinig denkenden Wissenschaftler reiner Humbug sein. Ich für mich habe es so erlebt und glaube, dass wir auf manche Dinge gewaltigen Einfluss nehmen können. Vielleicht können wir gemeinsam so manche schockierende Gräueltat duplizieren – aber wozu sollten wir?

Nehmen wir nur mal an, das Beschriebene wäre möglich, dann muss es doch andersherum auch funktionieren, oder? Wenn wir gemeinsam den Blick auf etwas Positives lenken wie auf den Frieden zwischen den Menschen, und uns da gedanklich und unbedingt auch emotional hineinversetzen, müsste sich der Frieden langsam unter den Menschen ausbreiten. Wobei »Frieden« zu abstrakt ist, nicht greifbar genug. Vielleicht wäre es besser, uns Nahrung für alle, Brot und Wasser, bildlich vorzustellen. Das Brot können wir schmecken und riechen, das Wasser können wir spüren, wie es unsere Kehle herunterläuft, wie es sich auf der Haut anfühlt.

Das sind starke Bilder, starke Empfindungen. Und die Vorstellungskraft ist ein sehr wirksames »Werkzeug«, um diese Bilder ins reale Leben zu rufen, über das Gebet.

Es gibt sehr viele Menschen, die beten. Sie beten alleine, in Betgemeinschaften, im Internet, in der Kirche, am Mittagstisch. Es gibt mittlerweile eine Internetadresse, an die Sie schreiben, und Heiler, die Sie kontaktieren können. Und dann wird für Sie oder Ihr Anliegen gebetet! Viele beten meist selbstlos für höhere Dinge wie für diesen Planeten, für den Frieden, für genügend Nahrung und Wasser, für die Menschheit. Und es gibt sehr, sehr viele dieser »Erdenhelfer« überall auf der Welt verstreut. Sie verhalten sich unspektakulär, still, aber stark und wirkungsvoll.

Die größten Ereignisse sind nicht unsere lautesten,
sondern unsere stillsten Stunden.

Friedrich Nietzsche

Hört sich das gerade Gelesene so an, als ob ich eine Art Vorbeter sei? Nein, das bin ich ganz und gar nicht! Ich bin ein absoluter Anfänger und kämpfe stets mit meiner Unaufmerksamkeit, Unregelmäßigkeit und dem so oft fehlenden Vertrauen.

Ich höre oder erfahre nur manchmal von Dingen, die wirklich und im höchsten Sinne wahr sind. Ich weiß es einfach. Was aber nicht zwingend bedeutet, dass ich sie auch für mein Leben umsetzen und nutzen kann.

Etwas tief im Innern als richtig zu empfinden und danach zu handeln liegt oft sehr weit voneinander entfernt. Doch ich fühle genau, dass kollektives Beten grundsätzlich gut und in unserer momentanen globalen Situation extrem wichtig für uns alle ist.

Im Kleinen praktizieren es ja schon viele von uns. Wenn zum Beispiel etwas Gravierendes eintritt wie Krankheit oder Unfall, verständige ich »mein« Netzwerk: zuerst meine Mutter und dann eine ganze Anzahl von Freunden, von denen ich weiß, dass sie die Kraft des gemeinsamen Gebetes kennen und bereit sind, es für andere als Stärkung, als aufbauende Energie einzusetzen. Dies ist dann ein Notfall-Gebet.

Das große Gebet für uns alle, für Mutter Erde, für den Weltfrieden, sollten wir eigentlich täglich ins Universum senden. Nicht erst morgen, heute! Jetzt!

Und je mehr Erdenbewohner sich daran beteiligen, desto schneller werden wir etwas bewegen.

Wenn du bloß betest, dann betest du für dich alleine.
Wenn du aber für alle betest, so beten alle für dich.

Ambrosius

Je mehr wir die Menschen, die ihr Schaffen einem besseren Zusammenleben der Menschen widmen, in unser Gebet miteinbeziehen, desto mehr Kraft geben wir ihnen bei ihrer Arbeit. Zum Beispiel denen, die »an der Front in vorderster Reihe stehen«. Ich denke da besonders an Krankenpfleger, Ärzte, Polizisten, Seelsorger, Feuerwehrleute oder auch an Interventionsteams.

Wenn Sie als Leserin oder Leser sich von diesen Zeilen angesprochen fühlen, wird sich für Sie bestimmt bald eine Möglichkeit ergeben, sich einem dieser Netzwerke mit Ihrem Gebet anzuschließen, mitzuwirken. Im Internet finden Sie unter anderem »Pope's Worldwide Prayer Network« oder »Peaceprayer«, weltweite Friedensgebete, in die Sie Ihre spirituelle Kraft einbringen können.

Ein erster guter Schritt könnte sein, die alltäglichen Medieninformationen etwas zu dosieren. Die Bilder, die wir sehen, nehmen wir mit in unseren Schlaf und dort arbeiten sie weiter. Wie wäre es, für sich zu überprüfen, ob die Zeitung und das Fernsehen wirklich Ihre Freunde sind?

Vielleicht sollten wir alle gemeinsam abends um zwanzig Uhr für zehn Minuten alles stehen und liegen lassen und beten. Dann wäre der schlimmste Teil der Nachrichten vorbei und wir würden immer noch die Wetterprognosen für den kommenden Tag mitbekommen, die aber höchstwahrscheinlich keinen allzu negativen Einfluss auf unsere Psyche haben.

Vor ein paar Tagen erhielt ich einen WhatsApp-Clip, den ich seither mehrmals täglich, aber auf jeden Fall vor dem Einschlafen und gleich nach dem Aufwachen anschaue: Ein junger Mann fährt U-Bahn und fängt einfach an, herzhaft zu lachen. Sein Lachen steckt an. Es verbreitet sich wie eine Welle, bis wenig später alle Passagiere laut lachen.

Und wie wunderbar: Es wirkt auch bei mir! So möchte ich von nun an, so oft es geht, einschlafen und aufwachen.

Ich habe noch eine andere Idee zu beten: Stellen Sie sich vor, zu bestimmten Zeiten würden die Menschen überall auf der Erde beten. Um sechs Uhr morgens und um achtzehn Uhr abends könnten sich z.B. die »Beter« zum gemeinsamen Gebet verbinden. Ich finde, das ist eine wunderschöne Vorstellung! Wenn überall auf unserem Globus immer um sechs Uhr und um achtzehn Uhr gebetet wird, zieht das Gebet mit dem Lauf der Sonne, gleich einer Welle, innerhalb von 24 Stunden rund um den ganzen Erdball. Und wenn immer mehr Menschen sich miteinbringen würden, könnte aus der Welle bald ein Tsunami werden.

Da ich keine Uhr trage und oft nicht weiß, ob es Montag oder Mittwoch ist, gehöre ich leider nicht zu denen, die unsere Welt auf diese Weise maßgeblich unterstützen. Aber ich gebe mein Bestes und bete, so gut ich kann, selbst wenn es mir nicht immer möglich ist, ein ganzes Gebet zu sprechen. Aber immer reicht es für einen Dank und den Segen für die Menschen, die ich liebe, und für die Welt. Beten bedeutet nicht unbedingt, ein Vaterunser oder ein ähnlich bekanntes Gebet zu rezitieren. Stellen Sie es sich eher so vor, dass Sie Ihrem Partner/Ihrer Partnerin etwas Gutes getan haben, und dass er/sie sich sehr darüber freut und sich herzlich dafür bedankt. Wenn Sie dann die Freude beim anderen fühlen, freut es Sie doch ebenfalls so sehr, dass Sie am liebsten gleich noch mehr Gutes für ihn/sie tun möchten. Es ist wie eine Spirale.

Und so denke ich, wirken auch ein Gebet und der von Herzen kommende Dank bei unseren Begleitern, den Engeln. Wenn sie unseren Dank und unsere Freude spüren, wird es ihnen ein Bedürfnis sein, uns weiterhin all das zukommen zu lassen, was gut für uns ist.

Das Gebet hat keinen Stil, keine gegebene feste Form;
es soll frei aus der Seele herausgehen,
wie Schmerz und Klage, wie Liebe und Leidenschaft.

Bogumil Goltz

NACHWORT

An dieser Stelle ist es mir ein Bedürfnis zu erklären, dass alles, was ich in diesem Buch schreibe, nur das wiedergibt, was ich selbst erlebt habe. Ich schildere meine eigenen Erfahrungen und Anschauungen. Sie können selbstverständlich nicht für andere gleichbedeutend sein.

Dieses Buch soll lediglich einen Anstoß geben, Dinge aus einer anderen Perspektive zu betrachten oder in sich hineinzuhören, ob alles so, wie es ist, stimmig ist. Oder ob da vielleicht schon lange etwas innerlich rumort, was es zu hinterfragen gilt ...

WEITERE KUNSTWERKE …

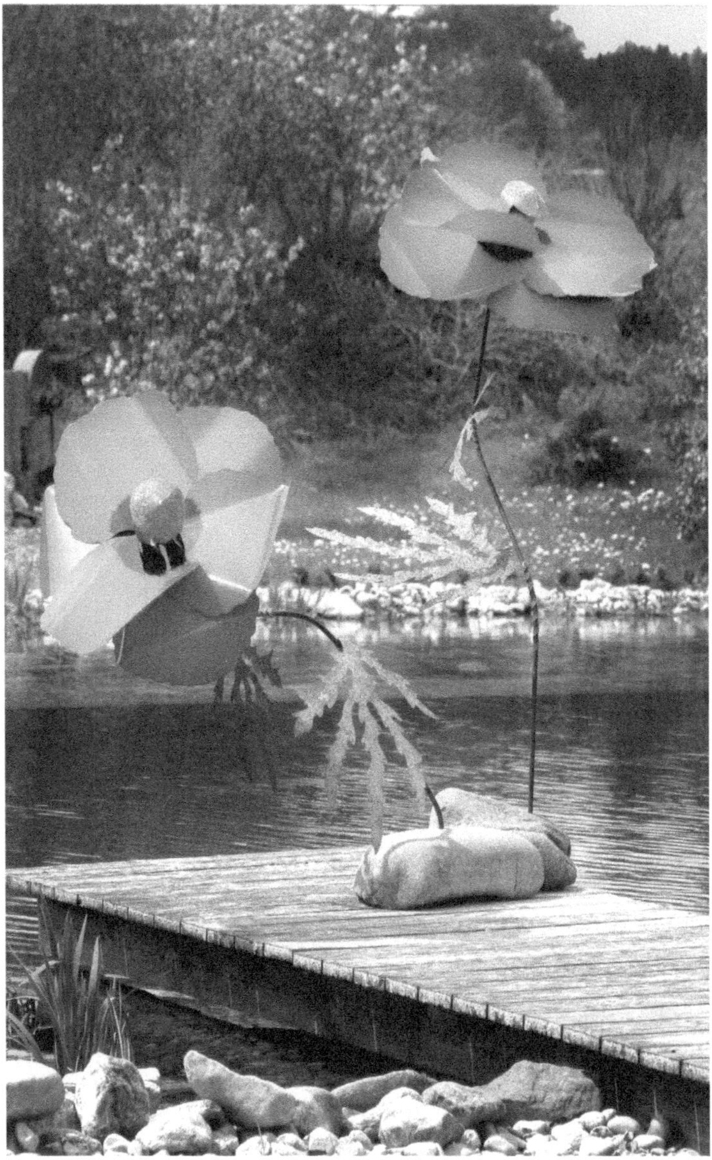

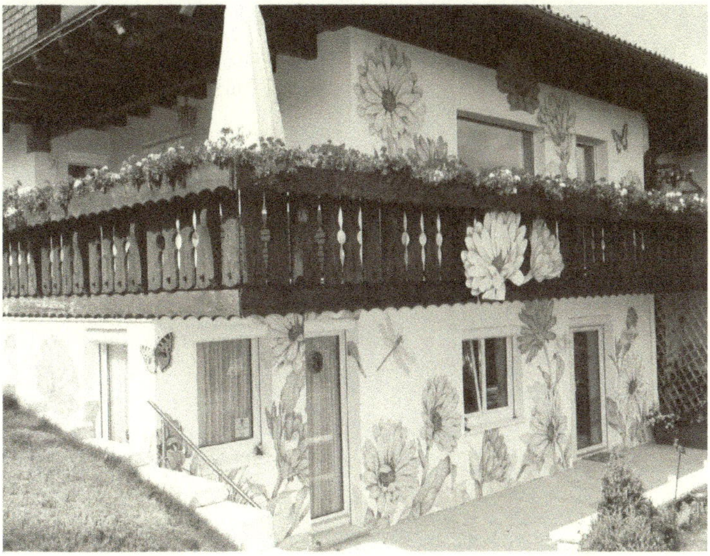

... UND KUNSTPROJEKTE

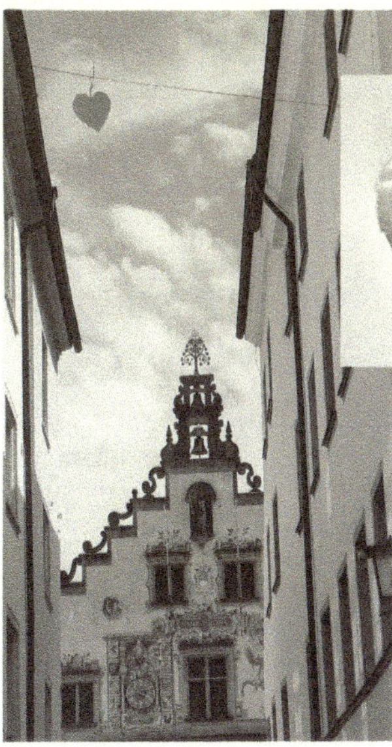

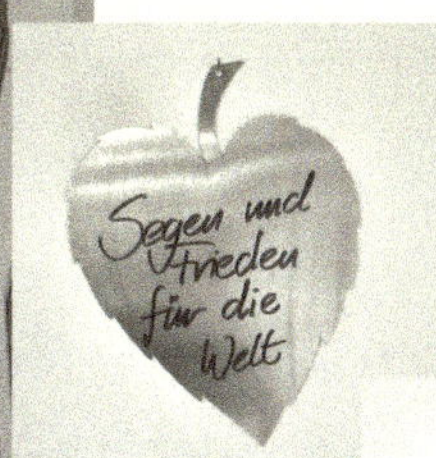

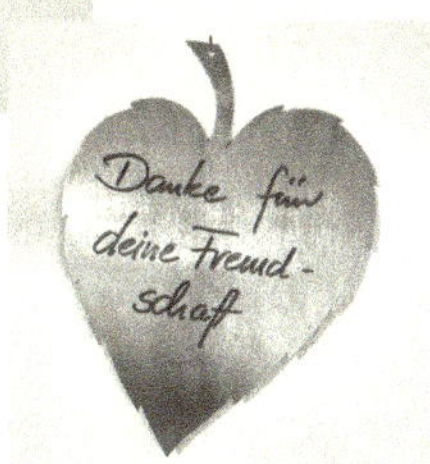

www.sargladen.com

FSC www.fsc.org MIX Papier | Fördert gute Waldnutzung FSC® C014496

Penguin Random House Verlagsgruppe FSC® N001967

Druck und Bindung: GGP Media GmbH, Pößneck
Printed in Germany
ISBN 978-3-579-07043-8
www.gtvh.de